LIEBLINGSORTE

REISEFÜHRER

PARIS

STEFAN ULRICH

ENTDECKEN SIE DAS LEBENSGEFÜHL EINER STADT

Insel

Hinweis zu dieser Ausgabe:
Dieser Band ist eine aktualisierte Neuausgabe
des insel taschenbuchs 4632 (Insel Verlag Berlin 2018)

2. Auflage 2025

Erste Auflage 2024
insel taschenbuch 5033
Originalausgabe

Umschlaggestaltung und Layout: Marion Blomeyer, München
Illustrationen: Ryo Takemasa, Tokio
Karten: Peter Palm, Berlin
Satz: Greiner & Reichel, Köln
Druck: CPI books GmbH, Leck
Printed in Germany
ISBN 978-3-458-68333-9

Insel Verlag Anton Kippenberg GmbH & Co. KG
Torstraße 44, 10119 Berlin
info@insel-verlag.de
www.insel-verlag.de

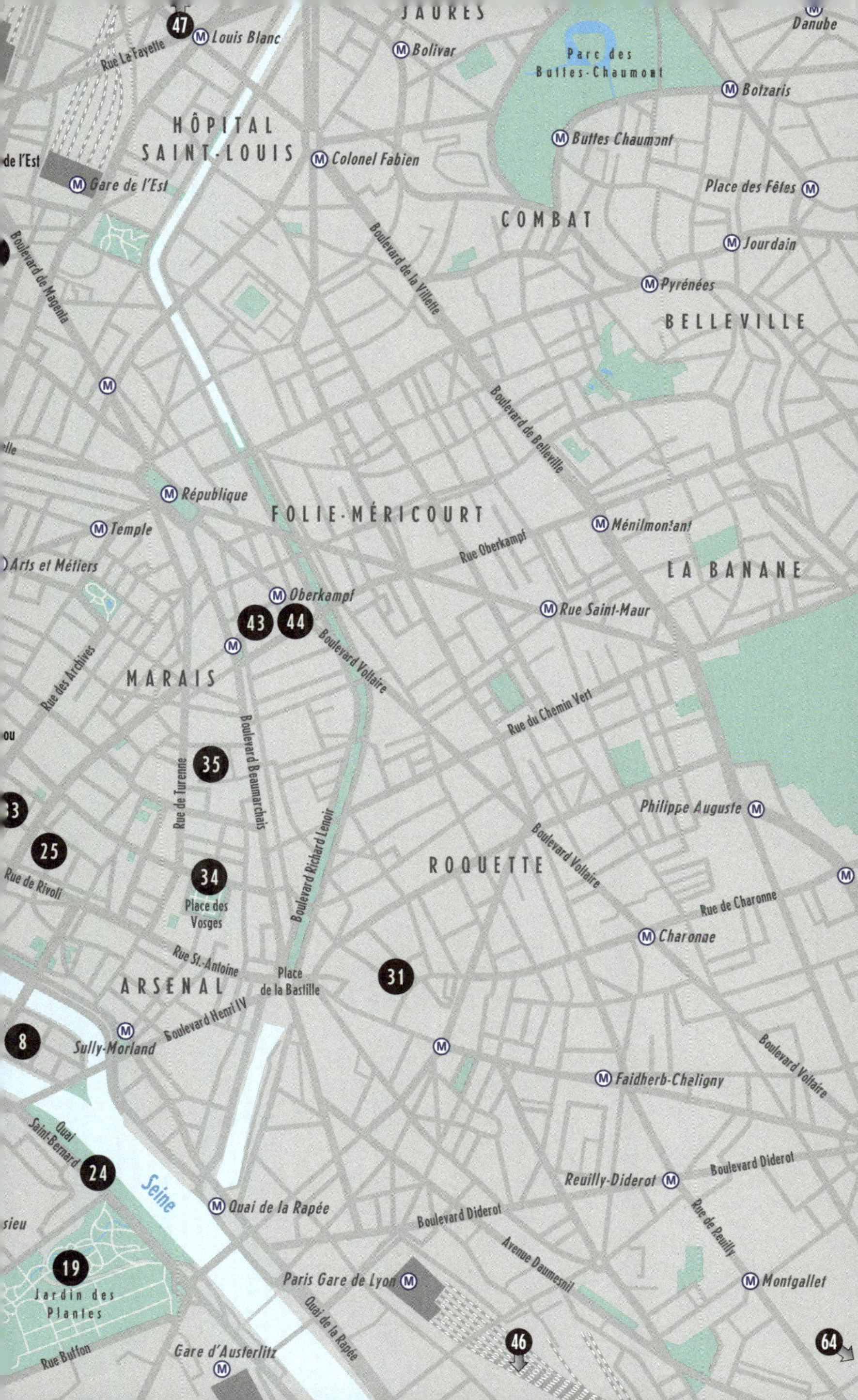

47
Louis Blanc
Rue La Fayette
Bolivar
Parc des Buttes-Chaumont
Danube
Botzaris
HÔPITAL SAINT-LOUIS
Colonel Fabien
Buttes Chaumont
Gare de l'Est
Place des Fêtes
COMBAT
Jourdain
Boulevard de Magenta
Boulevard de la Villette
Pyrénées
BELLEVILLE
Boulevard de Belleville
République
FOLIE-MÉRICOURT
Ménilmontant
Temple
Rue Oberkampf
Arts et Métiers
LA BANANE
Oberkampf
Rue Saint-Maur
43
44
Boulevard Voltaire
Rue des Archives
MARAIS
Rue du Chemin Vert
Boulevard Beaumarchais
35
Rue de Turenne
Philippe Auguste
Boulevard Richard Lenoir
25
Boulevard Voltaire
ROQUETTE
34
Rue de Rivoli
Place des Vosges
Rue de Charonne
Charonne
Rue St-Antoine
Place de la Bastille
31
ARSENAL
Boulevard Henri IV
8
Sully-Morland
Boulevard Voltaire
Faidherb-Chaligny
Quai Saint-Bernard
24
Seine
Boulevard Diderot
Reuilly-Diderot
Quai de la Rapée
Boulevard Diderot
Rue de Reuilly
Avenue Daumesnil
19
Jardin des Plantes
Paris Gare de Lyon
Montgallet
Quai de la Rapée
46
64
Rue Buffon
Gare d'Austerlitz

insel taschenbuch 5033

Stefan Ulrich

Paris – Lieblingsorte

INHALTSVERZEICHNIS

Zufall und Notwendigkeit

Paris zu preisen, ist nicht besonders originell. Unzählige haben dies getan, in Romanen, Gedichten, Chansons, auf Gemälden, Fotografien, in Filmen, Tweets und auf Postkarten. Für viele Menschen in aller Welt ist die Stadt an der Seine der Sehnsuchtsort schlechthin. Und es ist kein Wunder, dass Paris 2024 – nach 1900 und 1924 – bereits zum dritten Mal die Olympischen Spiele ausrichten darf, was bislang noch keiner anderen Metropole gelungen ist. Die Stadt hat dies zu einem Großreinemachen genutzt, um sich nun noch strahlender, vielseitiger und besucherfreundlicher zu präsentieren.
Die vielleicht schönste Hommage an die französische Hauptstadt stammt von einem Amerikaner, von Ernest Hemingway, der Paris »ein Fest fürs Leben« nannte. Sein Lieblingsort an der

TIPPS

DIE WEBSEITE WWW.RATP.FR SOWIE DIE APP BONJOUR RATP BIETEN EINEN SCHNELLEN UND PRÄZISEN ROUTENPLANER FÜR DIE VERKEHRSMITTEL IN DER STADT. UMFANGREICHE, AKTUELLE INFORMATIONEN – AUCH AUF DEUTSCH – ZU SEHENSWÜRDIGKEITEN, VERANSTALTUNGEN UND RESTAURANTS IN PARIS BRINGEN DIE WEBSITE DES FREMDENVERKEHRSAMTS DER STADT PARISJETAIME.COM/GER/ SOWIE DIE KOMMERZIELLE WEBSITE WWW.SORTIRAPARIS.COM/DE/

HINWEIS
HAUSNUMMERN WERDEN IN DIESEM BUCH, ANDERS ALS IN FRANKREICH ÜBLICH, NACH DEM STRASSENNAMEN AUFGEFÜHRT, ALSO Z. B. RUE DE CASTIGLIONE 4

Seine war die Bar des Ritz, über die der Nobelpreisträger schrieb: »Wenn ich vom Leben nach dem Tod im Himmel träume, dann spielt die Handlung im Ritz.«
Natürlich darf die Bar des Hotels, die heute »Bar Hemingway« heißt, in diesem Buch nicht fehlen. Und da beginnen die Probleme. Denn 66 Lieblingsorte auszuwählen, grenzt bei dieser Stadt an Willkür. Paris ist so reich an Sehenswürdigem und Liebenswertem, dass es 666 Kapitel verdienen würde – mindestens. Was also gehört hinein in diese Essenz? Was muss weggelassen werden? Paris ohne Louvre, Champs-Élysées und Sacré Cœur? Darf das sein?
Es darf. Es muss. Denn Lieblingsorte sind nicht unbedingt die wichtigsten oder meistbesuchten Plätze. Sie formen sich, geheimen Gesetzen folgend, im Herzen des Betrachters, und manchmal genügt ein Geruch, Lichtstrahl oder Augenblick im Ozean der Sinneseindrücke, um einen Lieblingsort zu schaffen.

Sie gehen über den Pont Neuf und summen unwillkürlich ein Chanson. Sie durchstreifen die Boutiquen in der Rue de Rivoli und stehen plötzlich vor einem offenen Atelierhaus wilder, junger Künstler. Sie suchen nach dem Café de Flore und landen in einer Austern-Bar. Sie heben den Blick und sehen diese sonderbare Sonnenuhr, von der Sie wissen möchten, wer sie geschaffen hat. So entstehen Lieblingsorte – und dennoch folgt dieser Band nicht nur dem Zufall, sondern auch der Notwendigkeit. Spaziergänge, Clubs, Plätze, Ausstellungen, Geschäfte, Theater, Bilder und Monumente sollen nicht wahllos wie verstreute Konfetti sein, sondern wie Puzzle-Teile ineinandergreifen, so dass sie ein Bild dieser grandiosen, romantischen, eleganten, lebens- und liebenswerten Weltstadt ergeben, ein Bild, dem Sie auf einer Parisreise oder in der Erinnerung zu Hause viele weitere Facetten hinzufügen werden.

Rund um die Île de la Cité

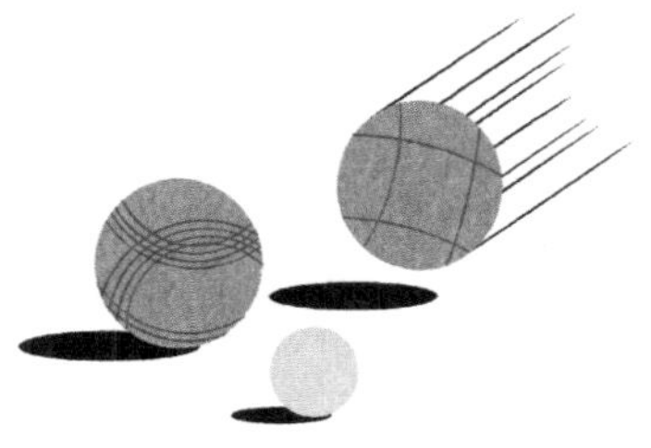

1

METRO 4 STATION SAINT-MICHEL; METRO 10 STATION MAUBERT-MUTUALITÉ

Seine oder Nichtsein

INFOS UNTER WWW.BATOBUS.COM

STATIONEN: NOTRE-DAME, JARDIN DES PLANTES, HÔTEL DE VILLE, LOUVRE, PLACE DE LA CONCORDE, TOUR EIFFEL, MUSÉE D'ORSAY, SAINT-GERMAIN-DES-PRÉS

Seine und Sein sind für die Pariser miteinander verquickt. Ohne den Fluss würde es ihre Stadt so nicht geben. Er bot dem keltischen Stamm der Parisii, der einst auf der Île de la Cité die Siedlung Lutetia baute, Schutz, Trinkwasser und Nahrung. Außerdem diente er als Transportweg. Zudem war die Seine an dieser Stelle, wegen der Inseln, leicht überbrückbar. Bis heute erinnert das Stadtwappen an die Bedeutung des Flusses. Es zeigt ein Schiff mit geblähtem Segel auf bewegtem Wasser. Der Wahlspruch von Paris lautet auf Lateinisch: »Fluctuat nec mergitur« – »Es schwankt, aber es geht nicht unter.«

So schwankend wie das Schick-

sal der Stadt, die sich immer wieder aus den Fluten der Geschichte – und verheerender Hochwasser – erhoben hat, war auch die Wasserqualität der Seine. In früheren Jahrhunderten liebten es die Pariser, an heißen Sommertagen darin zu baden. Historische Postkarten zeugen noch davon. Doch dann verschmutzten die Abwässer von Fabriken und Haushalten den Fluss immer mehr. 1923 musste das Schwimmen verboten werden. Bis in die 1970er Jahre nahmen auch immer mehr Fischarten Reißaus.

Doch seitdem hat sich die Lage deutlich gebessert. Kläranlagen wurden gebaut, Auflagen für die Industrie verschärft. Während Stickstoff, Phosphate und Kolibakterien im Wasser abnahmen, stieg der Sauerstoffgehalt. Die Fische kehrten zurück. Heute leben wieder 32 Arten im Stadtgebiet von Paris, darunter sogar Forellen. Und die Stadtregierung hat noch ehrgeizigere Ziele. Bald sollen die Pariser wieder gefahrlos in ihrer Seine schwimmen können. Die Vorbereitung auf die Olympischen Spiele im Sommer 2024 gab diesen Bemühungen einen weiteren Schub. Nun will die Stadt bis 2025 drei Orte an der Seine mit Stegen, Umkleidekabinen und Duschen als Badestellen herrichten.

Auch wenn einige Unerschrockene schon heute im Fluss schwimmen: Noch sollte man sich damit begnügen, die Seine vom Boot aus zu erkunden. Zahlreiche Varianten stehen dafür zur Verfügung, vom Miet-Motorboot samt Chauffeur bis hin zum Ausflugsschiff, auf dem getafelt und getanzt wird. Besonders praktisch sind die Linienboote, Batobus genannt, die acht Stationen zwischen Eiffelturm und Jardin des Plantes anfahren. Mit Tages-, Zwei-Tages- oder gar Jahrespass lassen sich etliche Sehenswürdigkeiten bequem und vergnüglich ansteuern und Brücken wie der Pont Neuf oder der Pont Alexandre III aus der Wasserperspektive betrachten. Selbst wenn der Wind häufig kräftig über die Seine bläst, gilt auch für den Batobus: Er schwankt, aber er geht nicht unter.

METRO 4 STATION CITÉ

Wände, die den Himmel stürmen

»Vor den Erfolg haben die Götter den Schweiß gesetzt«, mahnte der altgriechische Dichter Hesiod. Er meinte damit: Ohne Fleiß kein Preis. Das gilt auch für die Wiedereröffnung von Notre-Dame. Am 15. April 2019 wurde die Kathedrale durch einen Brand im Dachaufbau schwer beschädigt. Seitdem ist sie für Besucher geschlossen. Doch die Aufbauarbeiten gehen zügig voran. Im Dezember 2024 sollen die Portale des Pariser Wahrzeichens wieder öffnen. Der Vorplatz und die weitere Umgebung von Notre-Dame werden bis 2027 von einem Team aus Architekten und Landschaftsgestaltern neu angelegt. Schon bald werden sich, wie vor der Brand-

SQUARE JEAN XXIII
WWW.NOTREDAMEDEPARIS.FR

TIPP

DIE ARCHÄOLOGISCHE KRYPTA VON NOTRE-DAME IST WIEDER FÜR BESUCHER GEÖFFNET. SIE BIETET EINBLICK IN ZWEI JAHRTAUSENDE PARISER GESCHICHTE.
WWW.CRYPTE.PARIS.FR
DI - SO 10-18 UHR

katastrophe, vor den Portalen der Kathedrale wieder lange Besucherschlangen bilden.

Angenehmer ist es da, sich dem weltberühmten Bauwerk erst einmal von einer anderen Seite zu nähern. Vom Quai d'Orléans der Nachbarinsel Saint-Louis aus lässt sich der stupende, nach der Renovierung im alten Glanz erstrahlende Außenbau in Ruhe betrachten und seine Architektur studieren.

Chor und Apsis streben so filigran und luftig empor, als wollten sie sich aus der Materie lösen und gen Himmel fliegen. Über drei Etagen wachsen die Spitzbogen-Fenster in die Höhe, so dass nur wenig Raum für die Wände bleibt. Um den Druck nach außen abzufangen, der auf den Wänden lastet, wurde der Bau mit einem Kranz von Strebepfeilern umgeben. Von diesen aus ziehen elegante, 15 Meter weite Strebebögen stützend zu den Wänden. Das vermittelt ein Bild verwegener Leichtigkeit, wie es für die Hochgotik typisch ist.

Dabei soll es die Strebebögen und Strebepfeiler ursprünglich gar nicht gegeben haben. Als Bischof Maurice de Sully 1163 mit dem Bau beginnen ließ, war die damals revolutionäre Stilrichtung der Gotik gerade erst entstanden. Die Technik der Strebebögen und -pfeiler für den Außenbau stand noch nicht zur Verfügung. Diese wurden erst später, als der Bau fortschritt, hinzugefügt. Seither trägt das feingliedrige Kirchenkorsett dazu bei, dass Notre-Dame in der ganzen Welt als gotische Kathedrale par excellence gilt, die aus der Asche auferstanden ist.

METRO 7 STATION PONT NEUF

Romantik im Dreieck

PLACE DAUPHINE

TIPP

WENIGE SCHRITTE VON DER PLACE DAUPHINE ENTFERNT LIEGT DER ZAUBERHAFTE SQUARE DU VERT-GALANT AN DER SPITZE DER INSEL. ER IST EIN IDEALER ORT FÜR EIN PICKNICK.

Kein Zweifel, es ist Ernstes im Gange: Die Herren mittleren Alters mustern den Sandboden mit grimmigem Blick. Einer geht in die Hocke und legt den Kopf schräg, um noch die kleinste Unebenheit auszumachen. Dann steht er auf, streckt den Rücken durch, reckt den rechten Arm waagrecht nach vorne und wirft eine Metallkugel sieben, acht Meter weit. Eine bereits dort liegende Kugel wird mit einem dumpfen Knall getroffen und springt zur Seite. Sofort gehen zwei andere Männer zur Einschlagstelle, um die Lage zu diskutieren.

Und die Lage ist ernst. Denn es geht hier nicht um irgendein Ballspiel, sondern um einen Prä-

zisionssport namens Pétanque. Die in ganz Frankreich populäre Variante des Boule-Spiels wurde in der Gegend von Marseille erfunden. An Wochenenden kann man die in zwei Mannschaften eingeteilten Spieler auf unzähligen Plätzen beobachten, wie sie das *cochonnet* (die Schweinchen genannte Zielkugel) »legen«, um dann ihre eigenen Kugeln möglichst nah heran zu werfen und gegnerische wegzuschießen.

Wer zuschauen möchte, sollte in Paris zum Beispiel die Place Dauphine auf der Île de la Cité aufsuchen. Hier, unter den im Frühjahr rot blühenden Kastanienbäumen, finden sich oft Spieler ein. So vertieft sind sie in ihren Sport, dass sie die Neugierigen auszublenden scheinen, die sich um sie scharen.

Das Pétanque-Spiel ist nur ein guter Grund, hierherzukommen. Der andere: Der lauschige, dreieckige Sandplatz zwischen Justizpalast und Pont Neuf, der von Sträßchen mit Kopfsteinpflaster umgeben ist, gehört zu den romantischsten Orten von Paris. Die dicken Mauern der umstehenden Häuser halten den Lärm der Stadt fern. Abends tauchen die Laternen die Place Dauphine in ein magisches Licht.

König Heinrich IV., dessen Reiterstandbild auf dem nahen Pont Neuf steht, schenkte das Gelände 1607 seinem Vertrauten Achille de Harlay. Dieser ließ den Dreiecksplatz anlegen und

mit 32 gleichförmigen, eleganten Stadthäusern samt Arkaden im Erdgeschoss umbauen. Benannt wurde der Platz nach dem Thronfolger (*dauphin*), der später als Ludwig XIII. über Frankreich herrschen sollte.
Heute sind von den Originalhäusern nur noch die beiden erhalten, die auf den Pont Neuf hinaus schauen. Dennoch hat der Platz viel von seiner harmonischen Geschlossenheit bewahrt. Bei einem Aperitif und einer Käseplatte vor einem der Cafés und Restaurants lässt sich das gemächliche Treiben hier betrachten. Und mit etwas Glück und guten Worten verleiht der Wirt dem Gast ein Set Kugeln, damit er sich beim Pétanque versuchen kann.

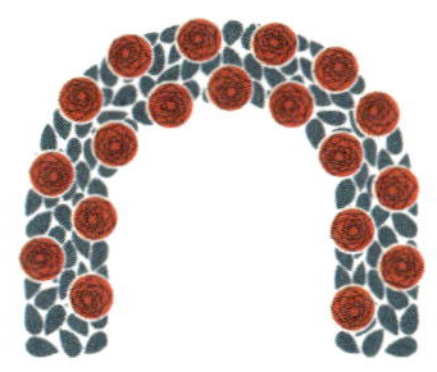

4

METRO 4 STATION SAINT-GERMAIN-DES-PRÉS

Wo die Liebe hinführt

CAFÉ RESTAURANT LES DEUX MAGOTS
PLACE SAINT-GERMAIN-DES-PRÉS 6
WWW.LESDEUXMAGOTS.FR
TGL. 7.30-1 UHR

CAFÉ DE FLORE
BOULEVARD SAINT-GERMAIN 172
WWW.CAFEDEFLORE.FR
TGL. 7.30-1.30 UHR

LE MUR DES JE T'AIME
SQUARE JEHAN-RICTUS/PLACE DES ABBESSES

TIPP

DAS MUSÉE NATIONAL EUGÈNE DELACROIX AN DER PLACE DE FURSTENBERG ZEIGT WOHNUNG UND ATELIER DES BEDEUTENDEN MALERS DER ROMANTIK.
WWW.MUSEE-DELACROIX.FR/FR
TGL. AUSSER DIENSTAG 9.30-17.30 UHR

»Und der Himmel über Paris, verrät sein Geheimnis nie«, singt Édith Piaf. Zu diesem Geheimnis gehört, warum Paris die »Stadt der Liebe« genannt wird. Liegt es an der grandiosen Kulisse, die sie verliebten Paaren bietet? An den romantischen Ecken, dem Lichterkleid bei Nacht oder am Charme der Pariserinnen und Pariser? Wer weiß. Womöglich ist das Paris der Liebe ohnehin keine reale Stadt, sondern ein von Künstlern, Romanciers und Chansonniers ersonnener Ort – fast zu schön, um wahr zu sein. Dennoch lässt sich dem Mythos auf die Spur kommen: bei einem Spaziergang immer der Liebe nach. Er beginnt im Viertel Saint-Germain-des-Prés. Hier liegen

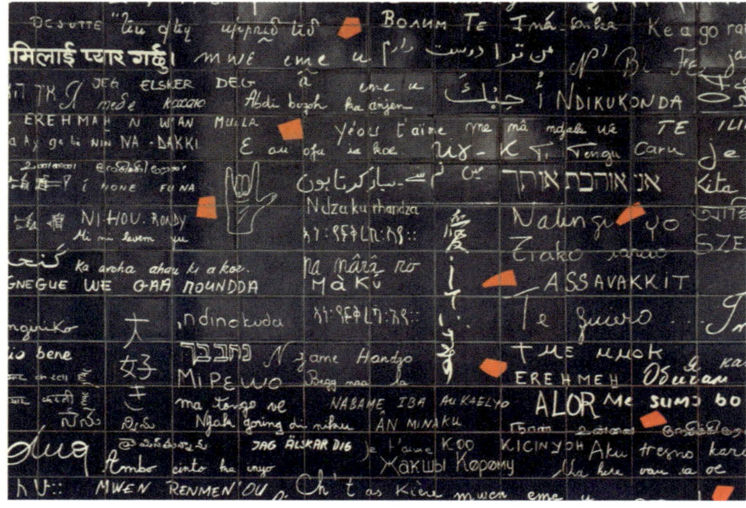

zwei Cafés, die den Mythos nähren und nach Woody Allens Film *Midnight in Paris* duften: Les Deux Magots und das Café de Flore. Dort philosophierten, stritten, arbeiteten und liebten sie, die Kinder des Olymp, die Dichter, Denker und Maler, Apollinaire, Rimbaud, Picasso, Hemingway, Sartre, Simone de Beauvoir. »Wir fragten nicht nach Geld, die Liebe und der Ruhm, das war für uns die Welt«, sang später Charles Aznavour in seinem Chanson *La Bohème*.

Weiter geht es zur lauschigen Place de Furstenberg. Im Sommer blühen hier die Catalpa-Bäume so blau wie die Blumen der Romantik. Kurz darauf endet das romantische Paris, und es beginnt das grandiose mit seinen Boulevards, Quais und Brücken. Auf dem Pont Neuf spielt der Film *Die Liebenden von Pont-Neuf*, in dem Juliette Binoche eine obdachlose Malerin mimt, die sich in einen Clochard verguckt.

Legendär ist die Geschichte von Heloise und Abaelard. Heloise, um 1095 geboren, lebte bei ihrem Onkel auf der Île de la Cité, im Haus Nummer 9 des Quai aux Fleurs. Hier verliebte sich die 18-Jährige in ihren 39 Jahre alten Hauslehrer Abaelard. Als sie schwanger wurde und einen Sohn gebar, ließ ihr erzürnter Onkel Abaelard überfallen und entmannen. Abaelard wurde Mönch, Heloise Nonne. Sie sahen sich nie wieder, begannen aber einen Briefwechsel, der berühmt werden sollte. Heute liegen sie vereint auf dem Friedhof Père Lachaise.

Auf dem rechten Seine-Ufer drehen im Winter die Paare ihre Kreise auf der Eisbahn vor dem Rathaus. Auf diesem Platz entstand das Bild *Der Kuss* des Fotografen Robert Doisneau. Lange hielt man es für einen Schnappschuss. Doch es war gestellt. Schein und Sein an der Seine liegen dicht beieinander. Die Sex-Kinos und Eros-Center am Boulevard de Clichy sind nur noch der schäbige Rest des alten Revue- und Rotlichtviertels. Gewiss, im Moulin Rouge schwingen noch immer die Tänzerinnen ihre Beine vor den Gästen, ein Spektakel, das einst Henri de Toulouse-Lautrec verewigte. Wobei die Damen damals zwar bekleideter, aber anzüglicher waren.

Ein paar Gehminuten später ist *Le mur des je t'aime* erreicht. Hier hat der Künstler Frédéric Baron den Satz »Ich liebe Dich« in 311 Sprachen auf eine Wand aus Lava-Kacheln geschrieben. Zuletzt war der Platz mit der Mauer wegen Renovierungsarbeiten geschlossen. Er sollte aber 2024 wieder eröffnet werden. Doch vielleicht wartet die Liebe auch gar nicht hier, sondern irgendwo, wenn man nicht mit ihr rechnet. In einem Lokal beobachtete Hemingway einst ein Mädchen. Später schrieb er über sie: »Ich habe dich gesehen, du Schöne, und jetzt gehörst du mir, auf wen du auch wartest, und wenn ich dich nie wiedersehe ... du gehörst mir, und ganz Paris gehört mir.«

5

METRO 10 STATION MAUBERT - MUTUALITÉ ODER CARDINAL LEMOINE

Wildschwein und Schokoladencreme

Was zeichnet ein typisches Pariser Bistro aus? Eine Terrasse zur Straße, beschattet von dunkelroten oder blaugrünen Markisen; ein charmant-verträumtes Interieur, dem Bilder, Plakate und Spiegel an den Wänden, Tafeln mit den Tagesmenüs, rote Lederbänke sowie ein Tresen mit Zinkabdeckung jene Bohemien-Atmosphäre schenken, die die Stadt so reizvoll macht. Dann wären da noch Kellner und Kellnerinnen, die in der Regel freundlicher sind, als es das Vorurteil erwarten lässt. Ach ja, und die kleinen Tische müssen definitiv so eng beieinanderstehen, dass man die Gespräche der Sitznachbarn mitbekommt, selbst wenn man kaum Französisch kann.

CHEZ RENÉ
BOULEVARD SAINT-GERMAIN 14
DI - SA 12-14.30 UND 19-23 UHR

Das alles bietet das Restaurant Chez René am Boulevard Saint-Germain. Außerdem ist, nicht ganz unwichtig, das Essen hier vorzüglich. Geröstetes Knochenmark mit Thymiansalz, Coq au Vin, Bœuf Bourguignon, Kabeljau, Wildschwein mit Preiselbeeren oder Mousse au Chocolat – das klingt nach bodenständig-guter französischer Küche, und es schmeckt auch so.

Wer befürchtet, die berühmt-berüchtigte Nouvelle Cuisine werde ihn in Paris mit leerem Geldbeutel und ebensolchem Magen zurücklassen, kann hier aufatmen. Die Preise sind angemessen, die Portionen üppig, und der wetterwendische Zeitgeist muss seit Jahrzehnten draußen bleiben.

Kein Wunder, dass Chez René eine Institution im Quartier Latin ist. François Mitterrand, ein anspruchsvoller Gourmet, aß regelmäßig hier. Doch auch der Tourist, der nur einmal vorbeikommt, wird liebenswürdig empfangen und sorgfältig bedient.

6

METRO 10 STATION CLUNY - LA SORBONNE

Dalís Uhren gehen anders

RUE SAINT-JACQUES 31

TIPP

VIELE WERKE DALÍS ZEIGT DAS MUSEUM
ESPACE DALÍ AUF DEM MONTMARTRE
RUE POULBOT 11
WWW.DALIPARIS.COM
TGL. 10-18 UHR

Paris ist ein Schlaraffenland der besonderen Art, das den Besucher nicht nur mit Leckerbissen, sondern auch mit Kunstwerken überhäuft, und das selbst dort, wo er es gar nicht erwartet. Da spaziert man die Rue Saint-Jacques entlang Richtung Seine, löst den Blick von den Regalen mit Hummern, Krabben und Austern vor einem Meeresfrüchtelokal, schaut nach oben und entdeckt an einer ansonsten kahlen Hauswand ein eigenartiges Beton-Relief.

Zwei blaue Augen blicken aus einem Gesicht in Form einer Jakobsmuschel. Die Augenbrauen bestehen aus Flammen, und vom Scheitel ragt ein Zeiger nach vorn, dessen Schatten sich zwischen neun Uhr vormittags und

vier Uhr nachmittags bewegen kann.

Paris, auch Stadt des Lichts genannt, hat mehr als hundert Sonnenuhren. Hier, in der Straße des heiligen Jakob, prangt die vielleicht eigenwilligste. Salvador Dalí, ihr Schöpfer, der sein Licht nie unter den Scheffel stellte, nannte sie bei der Einweihung am 15. November 1966 das »erste Ereignis des 21. Jahrhunderts«. Während eine Blaskapelle spielte, ließ sich der Meister von einem Kran nach oben heben, um letzte Hand an die Sonnenuhr zu legen. Am unteren Bildrand brachte er nicht nur seine Signatur an, sondern auch eine dicke Linie mit zwei Schnörkeln an den Enden, die sehr an seinen Schnurrbart erinnert.

Sonnenuhr heißt auf Englisch *sun-dial*, und dial ist ein Anagramm von Dali. Auch sonst stecken in diesem Werk, wie von dem surrealistischen Künstler nicht anders zu erwarten, versteckte Bedeutungen. Die Jakobsmuschel erinnert daran, dass auf der Rue Saint-Jacques, die vom linken Seine-Ufer aus nach Süden verläuft, einst die Pilger Richtung Santiago de Compostela wanderten. Die Flammen-Augenbrauen symbolisieren die Hitze, der die Gläubigen unterwegs nach Spanien, in die Heimat Dalís, ausgesetzt waren.

Uhren und Zeit beschäftigten Dalí, der lange in Paris lebte, immer wieder. Eines seiner bekanntesten Werke, *Die Beständigkeit der Erinnerung*, zeigt drei Taschenuhren, die wie Käse zerfließen, während eine vierte von Ameisen zerfressen wird. Mit der Sonnenuhr in der Rue Saint-Jacques haben sie eines gemeinsam: Sie funktionieren nicht.

METRO 1, 4, 7, 11, 14 STATION CHÂTELET

Wo die wilden Künstler hausen

RUE DE RIVOLI 59
TGL. (AUSSER MO) 13-20 UHR
WWW.59RIVOLI.ORG/ACCUEIL
EINTRITT FREI; SPENDE WILLKOMMEN

TIPP

DIE ATELIERGEMEINSCHAFT VERANSTALTET HÄUFIG KONZERTE UND PERFORMANCES; INFORMATIONEN AUF DER WEB-SEITE

Am 1. November 1999 brachen Kalex, Gaspard und Bruno durch ein Fenster in ein verwahrlostes, sechsstöckiges Haus an der ansonsten luxuriösen Geschäftsstraße Rue de Rivoli 59 im Zentrum von Paris ein. Die drei Künstler, die sich KGB nannten, fanden tote Tauben, Unrat und Spritzen von Junkies vor, doch sie ließen sich nicht abschrecken. Sie besetzten das seit langem leer stehende Haus in bester Lage, um gegen diesen Missstand zu protestieren und sich Raum zum Wohnen und Arbeiten zu verschaffen. Bald folgten andere Künstler – und dann begann der Rechtsstreit mit den Eigentümern. Die Presse schlug sich auf die Seite der Besetzer,

Tausende Neugierige besichtigten die Studios und machten die Rue de Rivoli 59 zu einem der meistbesuchten Zentren für moderne Kunst in Paris.
Schließlich kaufte die Stadt das Haus, renovierte es und übergab es 2009 gegen eine eher symbolische Miete an ein Künstlerkollektiv. Seither arbeiten 15 Maler, Bildhauer, Aktionskünstler oder Fotografen dauerhaft hier, 15 weitere dürfen die Räume für je drei bis sechs Monate nutzen.
Schon die Fassade sticht zwischen den gleichförmig-eleganten Bauten der Straße hervor wie das schwarze Schaf auf einem Familienfoto. Riesige Bilder in wilden Formen und Farben sowie Spruchbänder hängen von den Balkonen. Und das Haus verändert häufig sein Gesicht. Mal schmücken es Luftballons, mal stilisierte Sonnenblumen, mal gigantische Schmetterlinge in wilden Farben. Das Treppenhaus, in dem eine Wendeltreppe nach oben führt, ist so dicht ausgemalt wie die Sixtinische Kapelle. Nur dass hier nicht Szenen des Jüngsten Gerichts abgebildet sind, sondern knallbunte Tiere und Pflanzen, Graffitis, Collagen, geometrische Formen. Der Kontrast zu den Hallen der Hochkultur im nahen Louvre könnte kaum größer sein.
Sie wollten die Kunst »demokratisieren« und jedermann zugänglich machen, betonen die Gründer des einstigen Art Squat. Zu-

gleich wollten sie sich von den offiziellen Galerien absetzen, die sich nur an eine kleine Elite wendeten. Hier dagegen könne jeder arbeiten und ausstellen, egal, ob er ein bekannter Künstler oder ein junger Student sei.
Entsprechend kunterbunt sind die vielen Räume auf den sechs Etagen, die Besuchern alle kostenlos offen stehen. Hier sitzt ein Maler auf dem abgeschrammten Parkettboden und porträtiert eine Schülerin. Dort lässt ein Künstler Unmengen alter Metrokarten und Trödel, vom Rettungsreifen bis zum Regenschirm, von der Decke baumeln. Da verspricht ein »Medium« spöttisch, die Besucher von der zeitgenössischen Kunst zu heilen. In einem Raum liegen farbig angesprühte Baguettes, in einem anderen scheinen die Formen eines Pappmaché-Mannes zu zerfließen. Psychedelische Musik wabert durch die Gänge, der Geruch von Farben und Klebern zieht durchs Haus.
»Alle Künste sind gut, ausgenommen die langweilige Kunst«, hat Voltaire gesagt. Und langweilig ist es in der Rue de Rivoli 59 jedenfalls nicht.

8

METRO 7 STATION PONT MARIE

Die Insel des heiligen Ludwig

BERTHILLON
RUE SAINT-LOUIS-EN-L'ÎLE 29-31
WWW.BERTHILLON.FR
MI - SO 10-20 UHR

HÔTEL DE LUTÈCE
RUE SAINT-LOUIS-EN-L'ÎLE 65
WWW.PARIS-HOTEL-LUTECE.COM

HÔTEL DES DEUX-ÎLES
RUE SAINT-LOUIS-EN-L'ÎLE 59
WWW.DEUXILES-PARIS-HOTEL.COM

L'ÎLOT VACHE
RUE SAINT-LOUIS-EN-L'ÎLE 35
WWW.LILOTVACHE.FR
TGL. 18.30-23.30 UHR,
MI - SO AUCH 11.30-16.30 UHR

Ein Ort im Herzen der Stadt, in Fußnähe vieler Sehenswürdigkeiten, mit netten Lokalen und Geschäften, dennoch ruhig und mit dem Flair vergangener Zeiten – das gibt es nicht? Doch. Die Île Saint-Louis, die kleinste der Pariser Seine-Inseln, ist ein idealer Standort. Von hier aus kann man in die Metropole ausschwärmen, ins Marais, zum Rive Gauche oder auf die Île de la Cité; und hierher, in die stillen Gassen mit den Patrizierhäusern aus dem 17. und 18. Jahrhundert, kann man zurückkehren, wenn der Geist übervoll von Eindrücken ist und die Füße schmerzen. Ein Eis bei Berthillon, etwa das Caramel au beurre salé, aus der Waffel genossen, mit Blick auf

den Chor von Notre-Dame, und die Müdigkeit ist verflogen.
Die Insel des heiligen Ludwig bestand ursprünglich aus zwei unbebauten Eilanden, auf denen die Kühe weideten und König Ludwig IX. gebetet haben soll. Im 17. Jahrhundert wurde ein Kanal zwischen den Inseln zugeschüttet. Wohlhabende Adelige ließen sich hier Stadtpalais errichten, die in Paris Hôtels particuliers genannt werden. Viele der eleganten Häuser, deren pastellfarbene Fassaden auf die Seine blicken, wurden von Louis Le Vau entworfen, dem Hofarchitekten des Sonnenkönigs. Sie lassen sich bei einem Spaziergang entlang der Quais bewundern, wobei der Besucher die innere Pracht nur erahnen kann.
Rückgrat der 700 Meter langen Insel ist die Rue Saint-Louis-en-l'Île. In ihren Geschäften werden feinste Käse, Würste und Macarons au chocolat angeboten. Hier liegen auch gemütliche Hotels, etwa das Hôtel De Lutèce oder das Hôtel Des Deux-Îles.

Zu den schönsten Privatpalais der Insel zählt das Hôtel Lambert, das im 19. Jahrhundert ein Zentrum polnischer Emigranten war und heute dem Emir von Katar gehört; oder das Hôtel de Lauzun, von dessen prunkvollem Inneren ein prächtiger Balkon und eine extravagante Dachrinne künden. Hier traf sich um die Mitte des 19. Jahrhunderts der »Club des Hachichins«, um mit Drogen, insbesondere mit Haschisch, zu experimentieren. Zu der illustren, in arabische Gewänder gehüllten Runde gehörten Victor Hugo, Eugène Delacroix, Gustave Flaubert, Honoré de Balzac und Charles Baudelaire.
Wir halten uns lieber an handfestere Genüsse, die die vielen kleinen Lokale der Insel auftischen. Empfehlenswert ist etwa das Restaurant L'Îlot Vache (Die Kuhinsel), dessen Name an die Zeiten erinnert, da hier noch das Vieh graste.

Rive Gauche

9

METRO 9 STATION ALMA - MARCEAU ODER METRO 8, 13 STATION INVALIDES

Unternehmen Rückeroberung

FLUCTUART
PORT DU GROS CAILLOU 2
FLUCTUART.FR
IM WINTER MI - SO 12-1 UHR;
IM SOMMER TGL. 12-1 UHR
QUAI DE LA PHOTO
PORT DE LA GARE 9
QUAIDELAPHOTO.FR

TIPP

UNKOMPLIZIERT UND GÜNSTIG LASSEN SICH AN ZAHLREICHEN STANDORTEN IN PARIS FAHRRÄDER (AUCH ELEKTRISCHE) MIETEN, ETWA DER FIRMA VÉLIB, DIE 19 000 FAHRRÄDER AN 1500 ORTEN IM GROSSRAUM PARIS ZUR VERFÜGUNG STELLT.
WWW.VELIB-METROPOLE.FR

VON ANFANG JULI BIS ANFANG SEPTEMBER ORGANISIERT PARIS DAS SOMMERSPEKTAKEL PARIS PLAGES AUF DEM RECHTEN SEINE-UFER.
WWW.PARIS.FR/PARISPLAGES

Ein Samstagmorgen im späten Frühjahr: Ein Rudel Jogger trabt die Seine entlang, vom Eiffelturm her kommend Richtung Musée d'Orsay. Radfahrer in quietschbunten Trikots flitzen vorbei und haben keinen Blick für die Kletterer, die sich an einer Wand des linken Seine-Quais hochhangeln. Drüben auf den üppig bewachsenen, schwimmenden Inseln liegen ein paar Genießer auf den Chaiselongues und lassen

sich die Gesichter von der Sonne wärmen. Später werden hier am Fluss Touristen, Studenten und Pariser Familien ihre Picknicksachen auspacken oder auf einem der Restaurantboote ihr Mittagessen genießen. Dann kommen die Flaneure, um den Nachmittag zu verbummeln. Andere üben sich im Yoga und Zumba oder sitzen auf Eichenholzbalken und schauen dem Treiben vor dem sanft dahinfließenden Fluss zu.

Es ist kaum mehr vorstellbar, dass auf den Berges de Seine – den Quais des linken Seine-Ufers – noch vor wenigen Jahren 2000 Autos vorbeidonnerten, stündlich. Über Jahrzehnte dienten die Trassen entlang des Flusses als Stadtautobahn. Das ist nun Geschichte. Paris nimmt die Ufer den Autofahrern weg, um sie Fußgängern, Radfahrern, Joggern und Genießern zu überlassen. Die Straßen verwandeln sich in eine Mischung aus Fitness-Parcours, Rummelplatz, Promenade, Restaurantterrassen und Laufsteg.

2013 wurde das linke Ufer zwischen dem Pont de l'Alma und dem Pont Royal zur Naherholungs-Promenade mit unzähligen kostenlosen Sport- und Spielangeboten für alle. Inzwischen reicht sie vom Eiffelturm bis zum Pont des Arts. Im Frühjahr 2017 kam auf dem rechten Ufer der Abschnitt zwischen den Tuilerien und dem Port de l'Arsenal hinzu. Sieben Kilometer lang sind die Promenaden heute insgesamt, eine herrliche Strecke zu Fuß oder mit dem Fahrrad, die sich auf dem linken Ufer noch weit Richtung Osten ausdehnen lässt. Zwischendrin liegen auch noch einige interessante Kulturstätten, etwa das schwimmende Kunstmuseum Fluctuart oder das ebenfalls auf einem Boot untergebrachte Zentrum für zeitgenössische Fotografie Quai de la Photo.

Das Ziel der Stadtregierung: Die Luftverschmutzung soll abnehmen und die Seine den Bürgern als Erholungsraum zurückgegeben werden. Natürlich sind davon nicht alle begeistert. Kritiker bemängeln, die verdrängten Autos würden sich nun eben anderswo stauen, die Wirtschaft müsse mit Einbußen rechnen. Ob das stimmt, ist umstritten.

Urlauber wird das wenig tangieren. Sie können nun, ohne Autos zu begegnen, in aller Ruhe am Wasser entlangschlendern oder auf einem der zahlreichen Restaurantboote einen Brunch oder einen Aperitif genießen. Und auch viele Pariser sind froh über ihre neuen Quais, auf denen sich ihre Stadt so cool wie London gebe. Mindestens.

10

METRO 12 STATION SOLFÉRINO ODER ASSEMBLÉE NATIONALE

Bahnhof mit Renoir

Es ist ein schöner Sonntagnachmittag, das Licht streift durchs Laub der Bäume und lässt hier einen Strohhut, dort ein lachsrosa Kleid und da ein Gesicht mit vom Tanz geröteten Wangen aufleuchten. Vorne sitzen junge Leute an einem Holztisch, pfiffige Burschen und muntere Mädchen, über deren Gesichter ein kokettes Lächeln huscht. Auf dem Tisch stehen Gläser mit Wein, der Farbe nach dürfte es Muskat sein. Hinter der Freundesgruppe drehen sich Paare, eng aneinander geschmiegt, beim Tanz, zu dem die Kapelle aufspielt. Volkstümliche Lebenslust strahlt die ganze Szene aus – ein zum Bild geronnener Moment des Glücks.

MUSÉE D'ORSAY
RUE DE LILLE 62
WWW.MUSEE-ORSAY.FR
TGL. (AUSSER MO) 9.30–18 UHR,
DO BIS 21.45 UHR
EINTRITT: 12 EURO

TIPP

PARIS BESITZT EINIGE PRÄCHTIGE BAHNHÖFE, DIE NOCH IN BETRIEB SIND, DARUNTER:
GARE DU NORD
GARE DE LYON

Das Gemälde *Bal du moulin de la Galette* hängt im fünften Stock des Musée d'Orsay, dort, wo die berühmteste Impressionisten-Sammlung der Welt ausgestellt ist. Von den grau getünchten Wänden heben sich die licht- und farbenflirrenden Gemälde von Monet und Degas, Manet, Sisley und Pissarro ab. Natürlich ist auch Renoir vertreten, unter anderem mit diesem Bild, einem Hauptwerk des Impressionismus. Renoir hat es 1876 in einem damals populären, in einer Mühle auf dem Montmartre eingerichteten Tanzlokal gemalt.

Das Gemälde könnte einen lange festhalten, wenn nicht noch so viel anderes zu entdecken wäre in dem majestätischen Bau aus dem Jahr 1900. Damals wurde dieser Palast aus Glas, Stahl und Stein, geschmückt mit Stuck und riesigen Uhren, als ein Kopfbahnhof errichtet, von dem aus die Züge in den Südwesten Frankreichs fuhren. Es war die Zeit, als Reisen noch eine elegante Sache war. Später wurde der Bahnhof stillgelegt und seit 1977 auf Betreiben des damaligen Präsidenten Valéry Giscard d'Estaing zu einem Museum umgebaut, in dem die Kunst der zweiten Hälfte des 19. und des beginnenden 20. Jahrhunderts gezeigt wird.

Allein schon die grandiose, lichtdurchflutete Haupthalle im Stil des Fin de Siècle verschlägt einem den Atem. Und dann erst all die Skulpturen, Gemälde und

Grafiken, die in fast schon verwirrender Fülle präsentiert werden. Vielleicht tut man gut daran, sich beim ersten Besuch auf die Galerie der Impressionisten zu beschränken. Dann bleibt genug Zeit, Renoirs *Sonntagnachmittag in der Moulin de la Galette* in Ruhe zu genießen.

METRO 12 STATION SOLFÉRINO ODER ASSEMBLÉE NATIONALE

Im Flussbett

PÉNICHE SUNFLOWER
ALLÉE DU BORD DE L'EAU 10
ÜBER MEHRERE BUCHUNGSPORTALE
RESERVIERBAR, Z. B. BOOKING
UND GITES.FR

HOTEL OFF PARIS
QUAI D'AUSTERLITZ 86
WWW.OFFPARISSEINE.COM

An vielen Stellen der Seine – sei es mitten im Stadtzentrum oder am Bois de Boulogne – sind geräumige, flache Boote an den Quais vertäut. Träge wie Krokodile liegen die Schiffe, *péniches* genannt, im blaugrünen Wasser, eine Gangway verbindet sie mit dem Festland. Oft ist dort ein Briefkasten angebracht, denn diese Boote sind dauerhaft bewohnt. Davon zeugen auch die liebevoll mit Palmen, Bambus und Geranien bepflanzten Decks, die als Terrassen dienen. Hier sitzen an lauen Sommerabenden die *pénichiers* mit ihren Freunden beim Grillen und Plaudern über der Seine. Paris leidet an chronischer Wohnungsnot. Umso attraktiver erscheinen

die idyllischen Ausweichquartiere auf dem Fluss.

Tatsächlich waren es in den siebziger und achtziger Jahren oft Künstler und Alternative mit wenig Geld, die sich in ausrangierten Frachtkähnen einnisteten, um, oft ohne Strom und fließend Wasser, ein freies Leben in der Natur zu führen – und das mitten in der Stadt.

Diese Zeiten sind vorbei. Heute ist das Wohnen auf der Seine streng reglementiert und zum Luxus geworden. Mindestens eine Million Euro sollte man schon investieren können, um eine gut hergerichtete Pariser Péniche zu erstehen. Außerdem fallen beträchtliche wiederkehrende Kosten an, für Liegeplatz, Steuern, Wartung und Reparaturen.

Längst machen Unternehmer, Chirurgen und andere Gutverdiener dem Künstlervolk Konkurrenz. Es ist ausgesprochen chic geworden, auf dem Wasser zu wohnen. Das lockt die *bobos* an, Bourgeois, die sich als Bohémiens ausgeben. Zudem sind heute viele Liegeplätze mit Restaurant-, Café- oder Konzertbooten belegt. Kurzum: Der Platz auf dem Wasser ist knapp.

Dennoch gibt es für jedermann die Möglichkeit, einmal auf der Seine zu leben, wenn auch nur für ein paar Tage. Denn einige Hausbootbesitzer vermieten Kajüten an Gäste. Direkt vor der grünen Lunge des Bois de Boulogne ist die Péniche Sunflower vertäut. Hier kann man unter Deck erstaunlich komfortabel in einem Doppelzimmer oder in einem Studio samt Küche übernachten, mit Blick aus den Fenstern und Luken direkt auf die Seine. Beim Sundowner auf der Deckterrasse fühlt man sich wahrlich mitten im Fluss.

Ein Stück weiter flussaufwärts, in bester Lage, liegen einige Hausboote mit gartenartig begrünten Decks am Quai. Hierzu zählt die *Péniche Johanna*. Sie ist nur ein paar Schritte vom Musée d'Orsay entfernt am linken Seine-Ufer vertäut. Gegenüber erstrecken sich der Tuilerien-Garten und der Louvre. Hier konnte man zwei Schlafkojen für je zwei Gäste mieten, mit Frühstück in der Morgensonne an Deck. Heute liegt die Johanna immer noch an ihrem Platz. Zum Zeitpunkt der Neuauflage dieses Buches waren die Vermieter jedoch leider nicht mehr erreichbar. Bleibt zu hoffen, dass sich das bald wieder ändert. Bis dahin mag man sich zum Beispiel mit dem Hotel Off Paris Seine auf Höhe der Gare d'Austerlitz trösten. Ein schwimmendes Hotel auf einem umgebauten Katamaran samt Pool, Bar und Restaurant.

12

METRO 10 STATION MAUBERT - MUTUALITÉ

Kirchengeschichte

Das kulturbewusste Frankreich kämpft seit langem gegen die Unterwanderung seiner Sprache mit Anglizismen. Nicht immer mit Erfolg. So stößt der Spaziergänger in Paris häufig auf das englische Lehnwort *square*. Nur dass Square hier nicht, wie in England oder in den USA, einen geteerten oder gepflasterten Stadtplatz bezeichnet, sondern eine kleine, öffentliche Grünanlage. Mit Wegen, Wiesen, Bäumen, einem Brunnen oder Teich, Bänken und oft auch einem Kinderspielplatz. Die Squares sind Oasen in dieser am dichtesten bevölkerten Stadt der Europäischen Union.
Ein hübsches Beispiel ist der Square René-Viviani am linken

SAINT-JULIEN-LE-PAUVRE
RUE GALANDE 79
TGL 10.30-13 UHR;
MO - SA AUCH 13.30-17 UHR

KONZERT-INFORMATIONEN UNTER
WWW.CLASSICTIC.COM/DE/PARIS/EGLISE-SAINT-JULIEN-LE-PAUVRE/592

TIPP

ZAHLREICHE KONZERTE WERDEN AUCH IN DER BASILIKA SAINT-GERMAIN-DES-PRÉS GEGEBEN
PLACE SAINT-GERMAIN-DES-PRÉS 3
WWW.EGLISE-SAINTGERMAINDESPRES.FR
SO, MO 9.30-20 UHR; DI - FR 7.30-20 UHR;
SA 8.30-20 UHR

Seine-Ufer, benannt nach Frankreichs erstem Arbeitsminister. Durch das Grün hindurch bietet sich ein besonders schöner Blick auf Notre-Dame. Zudem wächst hier der älteste Baum der Metropole, eine Robinie, auch Scheinakazie genannt, die 1601 von dem Botaniker Jean Robin gepflanzt wurde. Und noch einen Rekord weist der Square auf: An seiner Südseite steht Saint-Julien-le-Pauvre, die älteste bis heute bestehende Kirche von Paris, wenn man den Ursprungsbau mit einbezieht.

Das von außen unscheinbar wirkende Gotteshaus hat eine abenteuerliche und glorreiche Geschichte. Es wurde vor mehr als 1500 Jahren gegründet und bald darauf durch ein Hospiz für Pilger ergänzt, die unterwegs nach Santiago de Compostela waren. 886 belagerten die Wikinger Paris und zerstörten die Kirche. Später gelangte sie in den Besitz eines Cluniazenser-Klosters. Die Ordensleute ließen sie Mitte des 12. Jahrhunderts – zeitgleich mit Notre-Dame – im gotischen Stil neu erbauen.

Im umliegenden Quartier Latin unterrichteten die Professoren der Universität ihre Studenten damals zum Teil noch auf der Straße. Wegen des Raummangels durfte die Universität Philosophievorlesungen in der Kirche anbieten. Italiens Nationaldichter Dante soll hier gebetet haben. Außerdem hielt die Universität in Saint-Julien ihre Generalversammlungen ab. 1524 kam es bei einer der Universitätswahlen zu einem Aufstand. Die Kirche wurde beschädigt und bald darauf in den Religionskriegen entweiht. Nach der Großen Revolution diente sie als Lager für Salz und Wolle.

Wahrscheinlich wäre das Gotteshaus heute von Wohnhäusern überbaut oder Teil des Square, wenn es nicht zwei Fügungen der Geschichte gerettet hätten: 1846 wurde Saint-Julien-le-Pauvre unter Denkmalschutz gestellt; und in den 1880er Jahren machte sich der Pater Alexis Kateb daran, in Paris eine Pfarrei für die Gläubigen der römischen Ostkirchen aufzubauen. Ihm wurde Saint-Julien überlassen, das bis heute der Melkitischen Griechisch-Katholischen Kirche gehört.

Im mystischen Dämmerlicht des Inneren bezaubern der frühgotische Chor und das original erhaltene nördliche Seitenschiff. Wer sich Zeit nimmt, wird manches Detail entdecken, etwa Kapitelle, die mit steinernen Akanthusblättern und mit Harpyien, geflügelten Frauen aus der griechischen Sagenwelt, geschmückt sind.

Zum Glück ist die älteste Kirche von Paris ein lebendiger Ort geblieben. Der Besucher kann zum Beispiel einen Gottesdienst im byzantinischen Ritus mitfeiern oder einem der häufigen Klassik- und Gospel-Konzerte lauschen.

METRO 12 STATION SÈVRES - BABYLONE

Wo der Luxus Wellen schlägt

HERMÈS
RUE DE SÈVRES 17
MO - SA 10.30-19 UHR

Luxus mit Charme, Tradition und Niveau steht für Paris, und Hermès steht für diesen Luxus. Daher hat sich das 1837 von einem Krefelder Sattler gegründete Familienunternehmen besondere Mühe gegeben, als es vor einigen Jahren einen neuen Concept Store in Paris einrichtete. Hermès wählte ein stillgelegtes Artdéco-Schwimmbad, das einstige Bassin des Luxushotels Lutetia, und restaurierte es aufwendig, um darin seine Parfums und Seidentücher, Sakkos, Taschen und Reitsättel zur Geltung zu bringen. Der für den Umbau verantwortliche Architekt Denis Montel meinte dazu: »Wir wollten den Geist der Schwimmhalle von 1935 bewahren und zugleich

Hermès auf modernste Art inszenieren.«

Das ist gelungen. Der 1500 Quadratmeter große Laden wirkt auf den ersten Blick wie ein Museum für moderne Kunst. Eine breite Treppe mit wellenförmigen Holzgeländern lockt die Besucher nach unten ins alte Schwimmbad. Dort stehen drei neun Meter hohe Gebilde aus geflochtenen Eschenholz-Leisten, die an Skelette von Walen erinnern sollen, tatsächlich aber eher mongolischen Jurten ähneln. Darin werden Möbel, Kissen, Decken und Wohnaccessoires der Luxusmarke präsentiert.

Der Boden aus silbernen, grauen, blauen und goldenen Mosaiksteinen schimmert wie Wasser und lässt so Erinnerungen an die alte Piscine Lutetia aufsteigen. Niemand schaut einen hier schräg an, wenn man ausgiebig herumstreift, obwohl man augenscheinlich keine Hermès-Uhr für 6400 Euro und noch nicht einmal eine Pferdedecke für rund 700 Euro kaufen wird. Ein Stück Obstkuchen und eine Tasse Tee im Café Plongeoir (Sprungbrett) dürfen es aber vielleicht schon sein.

METRO 10 STATION MABILLON

Allein unter Austern

HUÎTRERIE RÉGIS
RUE DE MONTFAUCON 3
WWW.HUITRERIEREGIS.COM
MO - FR 12-14.30 UND 18.30-22.30 UHR;
SA 12-22.45 UHR; SO 12-22 UHR

Der Gast kann in der Huîtrerie Régis zur Not selbst dann überleben, wenn er keine Austern mag. Denn je nach Jahreszeit tischen die beiden Wirte Thomas und Bachir auch Kaviar, Langustinos oder Coquilles Saint-Jacques auf. Brot und Butter schmecken herzhaft, und der eisgekühlte Sancerre ist auch für sich allein ein Genuss. Dennoch fänden es Thomas und Bachir befremdlich, wenn man hier, in dem winzigen, ganz in Weiß gehaltenen Lokal, die Austern verschmähte. Denn diese Muscheln sind ihre »Passion«, wie sie sagen. Da bleiben sie ganz Monsieur Régis treu, dem Gründer des Lokals, der heute in dem Weinstädtchen Sancerre seinen

Ruhestand genießt, aber noch oft hier vorbeischaut und weiter den Geist dieses Austern-Restaurants prägt.

Régis, der mit seinem Schnurrbart, der kräftigen Nase und dem verschmitzten Lächeln an einen gewissen gallischen Krieger erinnert, der den Römern das Leben schwermacht, wuchs an der Atlantikküste gegenüber der Île d'Oléron auf. Dort, im größten Austernanbaugebiet Europas, reifen die delikaten Muscheln in Wassergärten heran, in die der Ozean reichlich Plankton spült. Hier kam Régis im Kindergartenalter auf den Geschmack.

Als Erwachsener verdiente er sein Geld in der Automobilbranche, während die Austern sein Hobby blieben. »Vor 18 Jahren habe ich dann meine Leidenschaft zum Beruf gemacht und diese Austernbar gegründet.« Nun weiß er sein Werk bei Thomas und Bachir in guten Händen. Bachir, der selbst mehrere Jahre in der Bretagne in der Austernzucht gearbeitet hat, sagt: »Unsere Muscheln und der Sancerre kommen von denselben Erzeugern wie bei Monsieur Régis.« Auch der lichte Gastraum ist gleichgeblieben, er sieht aus wie eine freundliche Fischpinte irgendwo am Ozeanstrand. Die sieben Zweiertischchen sind meist alle belegt, und Thomas hat Mühe, sich mit den Platten hindurchzuzwängen, auf denen die wie heller Marmor schimmernden, offenen Austern auf einem Bett aus schwarzgrünem Seetang und zerstoßenem Eis ruhen. Hinter dem Tresen ist derweil Bachir dabei, die milden Fines de Claires, die fleischigen Pousses en Claires oder die aus der Bretagne stammenden, leicht nach Nuss schmeckenden Belons zu öffnen und auf die Teller zu drapieren.

»Unser Geheimnis? Die Qualität der Austern«, sagt Thomas. »Sie werden jeden Tag ganz in der Früh von der Küste hierhergebracht.« Er prostet einigen Stammkunden zu, älteren Herren mit vor Vergnügen geröteten Wangen, die sich über eine riesige Platte mit den nach Meer duftenden Muscheln hermachen. Draußen warten die nächsten Gäste. Ob sie ihr Lokal nicht vergrößern wollen? Régis schüttelt den Kopf. »Warum denn? So ist es doch gemütlicher.«

15

METRO 10 CLUNY - LA SORBONNE

Dame mit Einhorn

MUSÉE NATIONAL DU MOYEN ÂGE
(MUSÉE DE CLUNY)
PLACE PAUL-PAINLEVÉ 6
WWW.MUSEE-MOYENAGE.FR
TGL. (AUSSER MO) 9.30-18.15 UHR

TIPP

RAINER MARIA RILKE LEBTE IN PARIS ALS SEKRETÄR DES BILDHAUERS AUGUSTE RODIN ZWISCHEN 1908 UND 1911 IM HÔTEL DE BIRON. ES ENTHÄLT HEUTE DAS MUSÉE RODIN.
RUE DE VARENNE 77
WWW.MUSEE-RODIN.FR
TGL. (AUSSER MO) 10-18.30 UHR

Das wundersamste aller Fabeltiere erlebt eine Renaissance: Einhörner bevölkern die Kinderzimmer, zieren Duschgels der Discounter, springen durch Romane und tummeln sich so zahlreich im Internet, dass sich Psychologen mit dem Phänomen beschäftigen. Sie sagen, schon die Antike habe das Einhorn verehrt, es stehe für Jungfräulichkeit, Reinheit, Stärke und diene dem Christentum als Jesus-Symbol. Manche kritisieren die Liebe zum Einhorn als Weltflucht, andere sehen in dem Wunderwesen ein Sinnbild der Meinungsvielfalt. Wie auch immer: Das Einhorn gibt Rätsel auf, und darin liegt ein Grund seiner Attraktivität.

Wer das Mysterium des galanten Paarhufers erforschen will, kommt am Musée National du Moyen Âge nicht vorbei, einer phänomenalen Sammlung mittelalterlicher Kunst, die im Hôtel de Cluny – einem Stadtpalast im Flamboyantstil – sowie in den Ruinen einer antiken römischen Therme untergebracht ist. Hier kann man Stunden verweilen, um Kirchenfenster, Statuen und Altäre aus der Nähe zu betrachten, oder gleich in einen Saal mit schwarzen Wänden schlendern, in dem die Dame mit dem Einhorn wartet.

Selbst Schülergruppen verstummen erstaunt, wenn sie die sechs farbenprächtigen, aus Seide und Wolle gesponnenen Wandteppiche erblicken. Eine mystische Atmosphäre prägt den Raum. Die um das Jahr 1500 erschaffenen Bildteppiche im Millefleurstil (der Hintergrund ist mit zahllosen Blumen geschmückt) zeigen alle eine junge Dame in erlesenen Gewändern. Zu ihrer Rechten sitzt ein Löwe, zur Linken das Einhorn. Blumen sprießen aus dem Boden. Füchse, Hasen, Affen und Papageien wuseln herum. Orangenbäume, Eichen und Stechpalmen wachsen empor.

Die ersten fünf Bilder, das haben die Forscher herausgefunden, sind fünf Sinnen gewidmet. So hält die Dame dem Einhorn auf einem Teppich einen Spiegel hin – ein Symbol für den Gesichtssinn. Auf einem anderen greift sie nach dem Horn des Tieres – das steht für den Tastsinn. Der sechste Teppich gibt bis heute Rätsel auf. Hier steht die Dame im Eingang eines blauen Zeltes, auf dem die Worte prangen: »À mon seul désir« – »Meinem einzigen Verlangen«.

Was ist damit gemeint? Ein sechster Sinn? Die Liebe? Oder das Streben nach Erkenntnis? Die Literatur quillt über von Spekulationen. Und die Geschichte der Teppiche erleichtert die Wahrheitssuche nicht. Aus einem Wappen auf den Webbildern ist zu schließen, dass sie einst für die Le Viste aus Lyon, eine Familie hoher Beamter, geschaffen wurden. Später gelangten sie in das Schloss Boussac im Zentrum Frankreichs, wo sie die Dichterin George Sand entdeckte und in eine Geschichte verwob. Ihr Freund, der Literat und Denkmalschützer Prosper Mérimée, forschte nach und schrieb, es habe noch mehr als die heute bekannten Teppiche gegeben. Doch die anderen sind verschollen. 1882 kaufte das Mittelalter-Museum in Paris die verbliebenen sechs Teppiche. Seither gibt das Einhorn auch dem Publikum Rätsel auf.

Rainer Maria Rilke hat den Teppichen ein Gedicht gewidmet – *La Dame à la Licorne*. Darin beklagt er, dass die Männer der Frauen Schicksal nicht begreifen. Er endet mit den Versen:

»Ihr aber wollt nur diesen Wunsch gestillt:
daß einst das Einhorn sein beruhigtes Bild in eurer Seele schwerem Spiegel fände.«

16

METRO 12 STATION RUE DU BAC

Schokoladen-Diät

DEBAUVE & GALLAIS
RUE DES SAINTS-PÈRES 30
DEBAUVE-ET-GALLAIS.FR
MO – FR 9.30–19 UHR;
SA 10.30–19.30 UHR

TIPP

WEITERER LADEN VON DEBAUVE & GALLAIS IN DER RUE VIVIENNE 33

EIN AUSGEZEICHNETER CHOCOLATIER UND ORIGINELLER SCHOKOLADEN-SKULPTEUR IST PATRICK ROGER. MEHRERE GESCHÄFTE IN PARIS, UNTER ANDEREM:
BOULEVARD SAINT-GERMAIN 108
RUE DES ARCHIVES 43
PLACE DE LA MADELEINE 3

Wer Pariser Freunden eine Freude machen will, der rufe zur Begrüßung: »Mais t'as vachement maigri!« – »Du hast aber gewaltig abgenommen!« Denn die Bürger der Kapitale leben in einem permanenten Dilemma. Einerseits gilt es hier als unerlässlich, schön schlank zu sein. Andererseits lockt Paris mit Gaumenfreuden, die sogar Lukullus verzückt hätten.

Da läuft man etwa die Rue des Saints-Pères hinab Richtung Boulevard Saint-Germain, als der Blick an einer märchenhaft altmodischen dunkelgrünen Ladenfassade haften bleibt. »Chocolat Debauve & Gallais« steht in goldenen Lettern über Tür und Fenstern. In den Auslagen prä-

sentieren sich Schokoladen, als seien es Preziosen. Schon geht man durch die Tür und betritt einen halbrunden, von Säulen untergliederten Raum, der wirkt wie ein griechischer Tempel.
Auf dem ebenfalls halbrunden Tresen schimmern im gedämpften Licht die Schätze: Münzen aus schwarzer Schokolade, aromatisiert mit Mandelmilchcreme oder Orangenblüten – manche mit einem Kakaogehalt von 99 Prozent; Trüffel, wie sie schon Marcel Proust hier kaufte; Ganachen mit Kakao aus Madagaskar, Ghana oder Venezuela; Knackmandeln, Pralinen, Nougathappen ... Jetzt heißt es tapfer sein, der Figur und dem Geldbeutel zuliebe.

Glaubt man den Angestellten des traditionsreichen Hauses, so machen seine Schokoladen allerdings gesund, schlank und glücklich. Und sie müssen es ja wissen. Immerhin war es ein Arztsohn und Pharmazeut, der das Unternehmen einst gegründet hat. Sulpice Debauve war Apotheker von König Ludwig XVI. Dessen Frau Marie Antoinette beschwerte sich eines Tages, seine Medizin schmecke so schlecht. Das brachte Debauve auf die Idee, die Medikamente mit Kakao und Rohrzucker zu mischen und zu runden Plättchen zu formen. Die Königin war angetan von dieser Kreation und nannte sie nach einer damals gebräuchlichen Münze *Pistole*.

Im Jahr 1800, Marie Antoinette war längst guillotiniert, gründete Debauve seinen ersten Schokoladenladen. 1819 ließ er das Geschäftshaus in der Rue des Saints-Pères bauen. Er versorgte die französischen Herrscher mit Schokolade, ebenso wie den russischen Zaren und viele andere europäische Adelshäuser. 1823 nahm er seinen Neffen Antoine Gallais ins Geschäft auf, der bald darauf nach Lateinamerika aufbrach, um die Welt des Kakao zu erforschen. Heute führt die Familie das Schokoladen-Unternehmen in neunter Generation. Neben dem Stammhaus in Paris hat sie Geschäfte in der ganzen Welt, in New York, Dubai, Peking oder Tōkyō.

Die Qualität hat unter der Globalisierung nicht gelitten. Noch immer gilt in diesem Schokoladentempel der Wahlspruch Sulpice Debauves: »Utile dulci« – »Das Nützliche mit dem Angenehmen verbinden«. Gibt es ein passenderes Motto für eine Schokoladen-Diät?

METRO 13 SAINT-FRANÇOIS-XAVIER

Kaffee und Calamari

Es wirkt wie eine Melange aus Wiener Kaffeehaus und New Yorker Bar: Das Coutume Café in der Rue de Babylone hat zwar erst 2011 eröffnet, gilt aber bereits als Institution, wenn es um wirklich guten Kaffee geht. Die Besitzer, der Franzose Antoine Nétien und der Australier Tom Clarke, die auch eine Kaffeerösterei betreiben, sehen sich als »Sommeliers des Kaffees«. Sie suchen in aller Welt nach Bohnen, die ihr Terroir ausdrücken und einen besonderen Genuss ermöglichen. Ihre Sorten kommen aus Äthiopien, Indien oder Brasilien. Im Coutume Café lassen sie sich kosten, als Espresso, Cappuccino und in etlichen anderen Varianten.

RUE DE BABYLONE 47
WWW.COUTUMECAFE.COM/
CONTENT/25-COFFEE-SHOP-COUTUME-
BABYLONE-PARIS-7
CAFÉ/BISTROT:
MO - FR 8.30-17.30 UHR;
SA, SO 9-18 UHR
RESTAURANT: SO 9-18 UHR

Davor sollte man es nicht versäumen, eines der dezidiert gesunden und bisweilen leicht exzentrischen Gerichte zu probieren, die je nach Jahreszeit wechseln. Mangosalat mit Kokosnuss und Calamari etwa. Eine Platte mit Polenta, pochiertem Gemüse und Zitronenpesto. Oder in Joghurt mariniertes Hühnchen mit gegrillten Auberginen und Curry-Crème. Auch die Pancakes mit Ricotta, das getoastete Bananenbrot mit Mascarpone oder die Bio-Smoothies sind einen Versuch wert.

Ein Geheimtipp oder besonders günstig ist das Coutume Café nicht. Einheimische und Touristen mischen sich hier und sorgen für eine kosmopolitische Atmosphäre. Der in hellen Farben gehaltene Raum mit dem Parkettboden, den gusseisernen Säulen und der langen Bar lädt dazu ein, länger zu verweilen, vor allem werktags, wenn es nicht so voll ist. Dann bestellt man sich gern noch einen zweiten *petit noir* (Espresso). Zwar soll schon Immanuel Kant geklagt haben: »Es gibt nichts Schlimmeres, als auf Kaffee zu warten, wenn er noch nicht da ist.« Doch zum Glück wartet man hier nicht sehr lange.

18

METRO 10, 12 STATION SÈVRES - BABYLONE

Schlaraffenland für Schaufensterlecker

LE BON MARCHÉ RIVE GAUCHE
RUE DE SÈVRES 24
MO - SA 10-18.45 UHR; SO 11-19.45 UHR

TIPPS

WEITERE BERÜHMTE LUXUSKAUFHÄUSER:
GALERIES LAFAYETTE
BOULEVARD HAUSSMANN 40
MO - SA 10-20.30 UHR, SO 11-20 UHR

PRINTEMPS
BOULEVARD HAUSSMANN 64
MO - SA 10-20 UHR, SO 11-18 UHR

2021 WURDE NACH 16 JAHREN BAUZEIT DAS BERÜHMTE HISTORISCHE KAUFHAUS LA SAMARITAINE MIT ZAHLREICHEN CONCEPT STORES UND RESTAURANTS IN GRANDIOSEM ART-DÉCO-AMBIENTE WIEDERERÖFFNET.
RUE DE LA MONNAIE 19
TGL. 10-20 UHR

Zu den Vergnügen der Pariser, der Armen wie der Reichen, gehört eine Tätigkeit, die sie mit dem Ausdruck »faire du lèche-vitrines« beschreiben. Die wörtliche Übersetzung »Schaufenster lecken« trifft es gar nicht schlecht. Denn es geht darum, den Schaufenstern der eleganten Läden möglichst nahe zu kommen, um sich an den schönen Dingen darin zu ergötzen und sie mit den Blicken quasi abzuschlecken. Auch Deutschland hat ein

charmantes, wenn auch nicht so sinnliches Wort dafür: Schaufensterbummel.
Paris ist die Stadt der unbegrenzten Möglichkeiten, um diese Passion auszuleben. Einen ersten Eindruck bekommt, wer die Rue du Faubourg Saint-Honoré entlangschlendert. Hier wetteifern Gucci und Dolce&Gabbana miteinander, Prada und Cartier, Chanel, Moschino, Pierre Cardin oder Sothebys.
Das Schlaraffenland für Schaufensterlecker sind jedoch die Traditionskaufhäuser – Grands Magasins genannt. Wie zwei Luxusliner aus Jugendstilzeiten haben die beiden Flaggschiffe der Branche in Paris, die Galeries Lafayette und Printemps, am Boulevard Haussmann angedockt. Ihre künstlerisch gestalteten Schaufensterdekorationen sind ein Augenschmaus, besonders in der Weihnachtszeit, wenn sich unzählige Pariser und Touristen vor den Scheiben drängen.
Wir aber wollen aufs linke Ufer der Seine hinüberwechseln, wo von 1852 an das erste richtige Warenhaus Frankreichs, und manche sagen der Welt, entstand. Der Ingenieur Gustave Eiffel, der mit dem Turm, war maßgeblich am Ausbau beteiligt. Das Konzept – freier Eintritt, riesiges Angebot, aufwendige Präsentation, feste Preise, massive Werbung – ging auf. Insbesondere die Frauen des wohlhabenden Bürgertums begeisterten sich für den Einkaufspalast. Frankreichs großer Romancier Émile Zola recherchierte daher hier im Bon Marché für seinen Kaufhaus-Roman *Das Paradies der Damen.*
Heute zeigt sich das Bon Marché in renovierter und modernisierter Noblesse. Es wirkt weniger überladen und moderner als seine Konkurrenten jenseits der Seine. Die luftige, von einem Glasdach überspannte Haupthalle mit ihren filigranen Rolltreppen wird von zeitgenössischen Künstlern gestaltet. Viele Pariser kommen nicht nur zum Einkaufen hierher, sondern auch, um herumzubummeln und sich inspirieren zu lassen. Schuhe, Kleider, Parfums, Handtaschen, Schokoladen, Pasteten, Weine ... die Verlockungen sind immens.
Allerdings sollte sich der Kunde nicht vom Namen »Bon Marché« – auf Deutsch: preiswert – täuschen lassen. Das Bon Marché setzt, wie andere Edel-Kaufhäuser auch, auf eine internationale Luxus-Klientel. Entsprechend sind die Preise. Doch die sollten niemanden davon abhalten, zum Schaufensterlecken vorbeizukommen.

Um den Jardin des Plantes

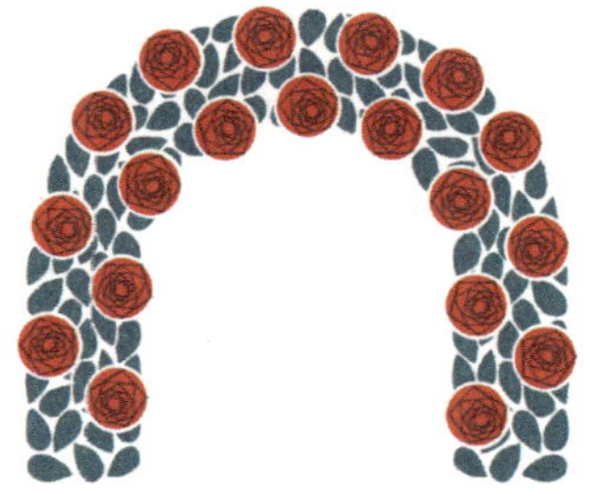

19

METRO 4, 10 STATION GARE D'AUSTERLITZ ODER METRO 7 STATION PLACE MONGE

Garten der Wunder

JARDIN DES PLANTES
RUE CUVIER 57 UND ANDERE EINGÄNGE
WWW.JARDINDESPLANTES.NET
TGL. JE NACH JAHRESZEIT
VON 7.30 / 8-17.30 / 20 UHR

GRANDE GALERIE DE L'ÉVOLUTION
RUE GEOFFROY-SAINT-HILAIRE 36
TGL. (AUSSER DI) 10-19 UHR

GALERIE DE PALÉONTOLOGIE
ET D'ANATOMIE
RUE BUFFON 2
TGL. (AUSSER DI) 10-18 UHR

MÉNAGERIE LE ZOO
RUE CUVIER 57
TGL. 9 UHR BIS JE NACH
JAHRESZEIT 17 / 18 UHR

Paradies, Eden – der Ort, wo Frieden, Glück und Gottesnähe herrschen, wurden von den Alten als Garten beschrieben. Als Park, in dem die unterschiedlichsten Pflanzen gedeihen und Tier und Mensch harmonisch beieinander leben. Es grünt und blüht und zwitschert, die Sonne funkelt durch die Zweige und lässt die Früchte reifen. Nun liegt Paris, trotz all seiner Schönheit, jenseits von Eden. Dennoch gibt es hier einen Garten, der dem Paradies nahekommt.
Ein Frühlingsnachmittag im Jardin des Plantes: Auf Bänken unter blühenden Kastanien schnäbeln die Pärchen. Familien lagern auf den Wiesen, ältere Ehepaare studieren die Blumen des Alpi-

niums, eine Gruppe Schulkinder schäkert mit den Orang-Utans im Zoo, der hier Ménagerie heißt. Gärtner harken die Beete mit den Mohnblüten in vielen Farben, Pfingstrosen und Margeriten. Drüben, in den Art-déco-Gewächshäusern, wuchern Philodendren und Riesenfarne in dampfender Luft, während in der an den Park grenzenden Mineraliensammlung die Kristalle funkeln.

Der Jardin des Plantes am südlichen Seine-Ufer wird jeden faszinieren, der der Natur irgendetwas abgewinnen kann, vom Kleinkind bis zum Wissenschaftler. Er umfasst neben dem botanischen Garten, dem Tierpark, der Gesteinssammlung, einem Labyrinth und einem »Insekten-Hotel« auch eine »Galerie der Evolution«, in der die (ausgestopften) Tiere aufmarschieren, als wollten sie an Bord der Arche Noah, sowie ein herrlich altmodisches Anatomiemuseum mit Dinosaurierskeletten, versteinerten Schnecken und Urzeitfischen.

Keimzelle des Jardin des Plantes war der Heilkräutergarten der Könige, der ab 1634 den Parisern offen stand. Nach und nach wurde er erweitert, zum Beispiel um den 1793 entstandenen Zoo. Hier durften zunächst beschlagnahmte Tiere ihr Gnadenbrot fressen, die den Wissenschaftlern des Jardin des Plantes eigentlich zum Ausstopfen übergeben wurden. Doch die Forscher hatten Mitleid mit den Kreaturen.

Die Pariser begeisterten sich bald für den neuen Tierpark. Einige seiner Bewohner wurden zu Stars, etwa das 1845 aus Afrika kommende naschhafte Nashorn Perikles, das im Lauf seines Zoolebens 21 000 Kuchen verzehrt haben soll; oder die Giraffe Zarafa, die 1826 in Marseille anlandete, in 41 Tagen nach Paris marschierte und dort eine Giraffomanie auslöste. Auch heute leben im Jardin des Plantes einige Stars. Zu ihnen zählt die Äffin Nénette. Sie ist einer der betagtesten Orang-Utans der Welt und gilt als große alte Dame des Zoos.

20

METRO 7 STATION PLACE MONGE

Westöstlicher Diwan

CAFÉ RESTAURANT DE LA MOSQUÉE DE PARIS
RUE GEOFFROY-SAINT-HILAIRE 39
WWW.LA-MOSQUEE.COM
SALON DE THÉ TGL. 9-24 UHR
RESTAURANT TGL. 12-15.30 UND 19-24 UHR

TIPP

BESICHTIGUNG MOSQUÉE DE PARIS
PLACE DU PUITS DE L'ERMITE 2
TGL. (AUSSER FR) 9-18 UHR

Paris ist das Zentrum eines ehemaligen Kolonialreiches, das, in gewisser Weise, in der Frankophonie weiterlebt, der Gruppe französischsprachiger Staaten. Etliche von ihnen sind vom Islam geprägt, und in Frankreich selbst leben schätzungsweise fünf bis sechs Millionen Muslime. Ein Zentrum ihres Glaubens ist die Große Moschee von Paris, das älteste muslimische Gotteshaus des französischen Festlands. Es steht allen Besuchern offen – als ein Stück Orient an der Seine.

Pläne, in Paris eine Moschee zu errichten, wurden im 19. Jahrhundert immer wieder verfolgt, scheiterten aber, zum Beispiel am Widerspruch der Behörden.

Als dann im Ersten Weltkrieg Zehntausende muslimische Soldaten für Frankreich starben, wollte sich die Republik dankbar zeigen. So wurde der Weg frei für den Bau einer Moschee im maurischen Stil, mit einem 33 Meter hohen Minarett, Patio, reich verziertem Gebetsraum, Gärten, Koranschule, Bibliothek, Hamam, Restaurant und Teesalon. Der gepflegte, weiß getünchte Komplex im Quartier Latin mit seinen Kuppeln, Türmchen und Dächern aus smaragdgrünen Ziegeln gilt als Herzstück des Islams in Frankreich. Wobei sich die Moschee und ihr Rektor einem weltoffenen, toleranten Islam verpflichtet fühlen und gegen islamistische Strömungen stellen.
Das Teehaus der Moschee mit seinem begrünten Innenhof ist ein lauschiger Rastplatz. Heiß, duftend und stark kommt der Thé à la menthe, der Pfefferminztee, auf die mit blauen Mosaiken verzierten Tischplatten. Dazu kann der Gast verschiedene arabische Gebäckstücke verzehren, denen man verfallen kann.
Wer mehr vom Orient kosten möchte, findet in der Moschee ein Restaurant mit Patio. Hier werden Couscous, Fleischspießchen oder kleine, scharfe Würste aufgetischt, sowie eine große Auswahl an Tajines – im Lehmkochtopf gegarte Gerichte, zum Beispiel aus Lammfleisch, Pflaumen, Mandeln und Zwiebeln. Wenn dann der Duft des Mokkas durch den Raum streicht und von draußen der Ruf zum Gebet erschallt, wähnt sich der Gast fast in einer nordafrikanischen Medina.

21

METRO 10 STATION CARDINAL LEMOINE ODER METRO 7 STATION CENSIER - DAUBENTON

Straße der Leckerbissen

Es wäre das Experiment wert, sich die Augen verbinden und von einem Begleiter die Rue Mouffetard hinunterführen zu lassen, um nur auf die Gerüche zu achten. Hier lockt der Duft frischer Baguette, dort das kräftige Aroma gerösteter Kaffeebohnen. Ein Hauch von Salz und Seetang weist auf eine Fischhandlung hin, während ein paar Schritte weiter Hühnchen gegrillt werden. Stehen wir nun vor einer Chocolaterie? Und jetzt geht es gewiss an einem Käseladen vorbei, der von einer Patisserie abgelöst wird.

Kaum zu glauben, dass die Rue Mouffetard, von den Parisern »La Mouffe« genannt, ihren Namen von dem altfranzösischen

TIPPS

IN PARIS GIBT ES DUTZENDE WOCHENMÄRKTE FÜR FRISCHES OBST UND GEMÜSE, KÄSE, FLEISCH UND FISCH. DAZU ZÄHLEN: DER TRENDIGE BIOMARKT MARCHÉ RASPAIL ZWISCHEN DEN STRASSEN CHERCHE-MIDI UND RENNES
DI UND FR 7-14.30 UHR

MARCHÉ DES ENFANTS ROUGES
ÄLTESTER LEBENSMITTELMARKT DER STADT
RUE DE BRETAGNE 39
DI - SA 8.30-19.30 UHR, SO 8.30-14 UHR

Wort *mofette* herleiten soll, was bestialischen Gestank bezeichnet. Einst überquerte die Straße das Flüsschen Bièvre, das als offene Kanalisation diente. Zudem arbeiteten hier Ledergerber, die, buchstäblich, ein anrüchiges Geschäft betrieben.

Heute ist die schlechte Luft längst den Düften unzähliger Köstlichkeiten gewichen. Dennoch hat die Rue Mouffetard viel von ihrem mittelalterlichen Charakter bewahrt. Das macht sie zu einer Besonderheit in Paris, das sonst oft von geraden Straßen mit gleichförmig-eleganten Wohngebäuden des 19. Jahrhunderts geprägt wird. Die abschüssige, gewundene, mit Kopfsteinen gepflasterte Mouffe säumen dagegen uralte Häuser. Sie sind unterschiedlich hoch, meist noch nicht luxussaniert, mit schönen hölzernen Ladenfronten im Erdgeschoss.

In der Antike verlief hier eine Römerstraße, die von Lutetia – dem heutigen Paris – über Lyon nach Italien führte. Später siedelten sich an der Straße kleine Händler und Handwerker an. Das Viertel stand zeitweise im Ruf, Heimstatt der Unterwelt zu sein. Der Marquis de Sade wurde hier verhaftet. Victor Hugo soll sich in der Rue Mouffetard umgeschaut haben, um sich für seinen Roman *Les Misérables* inspirieren zu lassen.

Heute tummeln sich auf der Mouffe Studenten der nahen

Sorbonne, Touristen und Leute von nebenan. Im oberen Teil wimmelt es von Bars und Restaurants, während der untere als Marktstraße dient. Die Geschäfte haben ihre Auslagen unter Markisen auf dem Trottoir ausgebreitet. Die Angestellten preisen Seeigel und mit Knoblauch gefüllte Weinbergschnecken, Petit Fours und geschätzte 200 verschiedene Käsesorten. Eine alte Dame tritt in die Poissonnerie Saint-Médard, um sich genau zwei Jakobsmuscheln für ihr Mittagessen zu kaufen. Wir aber bummeln hoch zur Place de la Contrescarpe, um uns dort in einem der Restaurants zu stärken und den Passanten zuzusehen.

22

METRO 7 STATION PLACE MONGE ODER METRO 10 STATION CARDINAL LEMOINE

Römer und Gallier

ARÈNES DE LUTÈCE
RUE MONGE 49 ODER RUE DE NAVARRE
JE NACH JAHRESZEIT
TGL. 8/9-19.30/20.30 UHR

Die alten Römer eroberten und plünderten fremde Städte und Länder nicht nur, sondern sie nahmen sie auch in ihr Reich auf und beschenkten sie mit den Segnungen ihrer Zivilisation. So entstanden nach der Eroberung Galliens durch Gaius Julius Cäsar – bei der, was oft vergessen wird, Millionen Menschen starben, verwundet oder gefangen genommen wurden – an vielen Orten des heutigen Frankreichs Thermen und Amphitheater, Verkehrsachsen und Brücken.

In Paris, das seinerzeit Lutetia hieß, ist kaum mehr etwas aus jener Zeit zu sehen. Umso verblüffender ist der kraterförmige, mit Bäumen und Büschen überwachsene Hügel, der sich inmit-

ten eleganter Häuser des 5. Arrondissements erhebt. Wer an der Rue de Navarre einen kurzen Tunnel betritt, entdeckt an der Wand eine Tafel, auf der steht: »Hier wurde Paris geboren ...« Kurz darauf öffnet sich der Tunnel auf einen weiten Sandplatz in Form einer Ellipse. Rundherum sind die Ränge des Amphitheaters aus dem 1. Jahrhundert nach Christus zu erkennen, manche Steinstufen wurden erneuert, andere sind überwachsen und Teile einer Grünanlage geworden.

Wer sich oben auf eine der Stufen setzt, hinabblickt und die Phantasie schweifen lässt, der vermeint, brüllende Gladiatoren und fauchende Bestien zu sehen, Wasserschlachten und antike Komödien. Für 15 000 Menschen hatten die Römer dieses Amphitheater gebaut, das für Gladiatoren-Kämpfe und Theateraufführungen genutzt wurde. Es war bis ins 3. Jahrhundert in Betrieb, als Barbaren in die Stadt einfielen.

Später geriet das Freilichttheater in Vergessenheit, zerfiel, wurde von Schutt und Erdreich überlagert. Erst bei Erdarbeiten in der zweiten Hälfte des 19. Jahrhunderts kam die Arena wieder ans Licht. Nun sollte sie einer Trambahn-Garage Platz machen. Dagegen liefen viele Bürger Sturm. Der Schriftsteller Victor Hugo schrieb 1883 an den Stadtrat: »Es darf nicht sein, dass Paris, die Stadt der Zukunft, auf den lebendigen Beweis dafür verzichtet, dass sie (auch) die Stadt der Vergangenheit war. Die Vergangenheit führt in die Zukunft ... Erhaltet die Arena von Lutetia!« Hugo hatte Erfolg, aus dem Amphitheater ist ein öffentlicher Park geworden, in dem die Pariser Fußball und Pétanque spielen oder – auf den ehemaligen Zuschauerrängen – ein belegtes Baguette verzehren. Brot und Spiele – fast wie bei den alten Römern.

23

METRO 10 STATION CARDINAL LEMOINE

Gotteshaus der guten Laune

Frankreich und der Katholizismus, das ist eine besondere Beziehung. Einerseits ist das Land die Hochburg des Laizismus, einer strikten Trennung von Staat und Religion. Andererseits gilt Frankreich als »älteste Tochter der katholischen Kirche«. Das hat sich im Bild der Städte niedergeschlagen, und natürlich auch in Paris. Kirchenbauten prägen die Metropole und zählen zu ihren größten Sehenswürdigkeiten: Notre-Dame etwa oder die Sainte-Chapelle, die beide auf der Île de la Cité liegen.

Unsere Lieblingskirche aber steht drüben auf dem linken Ufer, auf dem Hügel der heiligen Genoveva. Schon der Anblick der hellen, lebhaften Fassade und des

SAINT-ÉTIENNE-DU-MONT
PLACE SAINTE-GENEVIÈVE
WWW.SAINTETIENNEDUMONT.FR
ÖFFNUNGSZEITEN JE NACH JAHRESZEIT
UND WOCHENTAG SIEHE WEBSEITE

schlanken Glockenturms macht gute Laune. Die setzt sich im lichten, aus klarem Kalkstein gebauten Inneren fort, das die Seele – ob gläubig oder nicht – aufleben lässt.

Das Geheimnis von Saint-Étienne-du-Mont: die lange Bauzeit. 1491 wurde hier mit den Arbeiten an einer neuen, geräumigen Kirche begonnen, um die vielen Pilger zum Grab der heiligen Genoveva und die wachsende Bevölkerung des Universitätsviertels aufnehmen zu können. Dabei kam es immer wieder zu Streit mit den Äbten der benachbarten Abtei Sainte-Geneviève. So konnte die Kirche erst 1626 vollendet werden. Die Folge: Einflüsse der Spätgotik, die in Frankreich Flamboyant heißt, und der Renaissance mischen sich zu einem spannungsreichen Ganzen, dem der einheitliche lichte Stein dennoch Harmonie verleiht.

Architektonisches Glanzstück ist der Lettner, ein steinerner Bogen mit filigraner Balustrade, der einst den Klerus von den Laien trennte. An den Seiten geht dieser Bogen in spektakuläre Steintreppen über, die sich wie Lindwürmer um die Säulen der Vierung winden.

Gläubige Pariser zieht vor allem der Reliquienschrein der Stadtheiligen an. Genoveva wurde um das Jahr 422 geboren und wirkte bereits als Kind Wunder. So die Legende. Später rettete sie die Stadt durch Gebete vor den Hunnenheeren Attilas. Nebenbei heilte Genoveva Todkranke, vertrieb Drachen und bekehrte den Frankenherrscher Chlodwig I. zum Christentum. Kein Wunder also, dass sie die Pariser zur Stadtheiligen machten.

Das schützte Genovevas Leichnam jedoch nicht vor Vandalismus zur Zeit der Großen Revolution. 1793 schmolzen Revolutionäre den Reliquienschrein ein, in dem ihr Körper seit dem 7. Jahrhundert ruhte. Sie verbrannten die Knochen der Heiligen und warfen die Asche in die Seine. Ein paar kleine Reliquien Genovevas aber blieben erhalten und werden in Saint-Étienne-du-Mont aufbewahrt. Eine schönere Grabeskirche hätte sich die Heilige kaum wünschen können.

24

METRO 5, 10 STATION GARE D'AUSTERLITZ

Letzter Tango in Paris

JARDIN TINO ROSSI
QUAI SAINT-BERNARD 2
EQUIPEMENT.PARIS.FR/JARDIN-TINO-ROSSI-1786

TANZ AN DER SEINE
ANFANG JUNI BIS ENDE AUGUST
VON 19 UHR BIS MITTERNACHT

»Den schönsten Tango der Welt habe ich in Ihren Armen getanzt«, schmachtet Tino Rossi in seinem Chanson *Le plus beau tango du monde*. Nach dem Balladensänger, der mehr Platten verkaufte als jeder andere Franzose, ist ein – stets geöffnetes und kostenloses – Freilichtmuseum für moderne Skulpturen am Ufer der Seine benannt. Zwischen Trauerweiden, Zierkirschen und Magnolien hindurch blicken die Werke von César, Zadkine, Stahly oder Brâncuşi auf den Fluss. In kleinen Amphitheatern, die sich zum Wasser hin öffnen, sitzen Pariser und Touristen beim Picknick.

An Sommerabenden, wenn die beleuchteten Diner-Boote vor-

beigleiten, wird es hier so romantisch, dass man meinen könnte, in den Set eines Kinofilms geraten zu sein. Dann wird Tango getanzt an der Seine. Von Juni bis August treffen sich hier die Paare, um sich zu der Musik zu drehen, die der Komponist Enrique Santos Discépolo so beschrieben hat: »Ein trauriger Gedanke, den man tanzen kann.«
In den benachbarten Amphitheatern kommen Musikliebhaber anderer Richtungen auf ihre Kosten. Rap, Rock 'n' Roll, Walzer oder Salsa – für fast jeden ist etwas dabei. Berühmt unter Nachtschwärmern ist der Jardin Tino Rossi aber wegen des Tangos. Er scheint am besten zur verträumten Stimmung am Fluss zu passen. Erst gegen Mitternacht wird hier der letzte Tango von Paris getanzt – bevor es am Abend darauf von vorne losgeht.

Rive Droite

25

METRO 1, 11 STATION HÔTEL DE VILLE

Philosophie mit Curry

LES PHILOSOPHES
RUE VIEILLE DU TEMPLE 28
RPHUNTER.COM/CAFEINE-RESERVATIONS-3
TGL. 9–22 UHR

TIPP

IM CAFÉ DES PHARES AN DER PLACE DE LA BASTILLE FINDET JEDEN SONNTAG VON 10.30 BIS 12.15 UHR EINE ÖFFENTLICHE PHILOSOPHISCHE DEBATTE STATT.

Womöglich war es der Curry, mit dem alles begann. Xavier Denamur hatte keine leichte Jugend, sein Stiefvater soll sehr geizig und gemein gewesen sein. Die einzigen Urlaube verbrachte der junge Xavier bei seiner Schwester in London, die mit einem Bangladescher verheiratet war. Am Wochenende kochte der Schwager Gerichte aus seiner Heimat. In der Wohnung roch es nach Curry, Zwiebeln und Gewürzen. Als Geographiestudent schrieb Denamur später eine Arbeit über ein Dorf in Bangladesch und begeisterte sich für die lokale Küche. »Dort weiß man, was man isst, wo die Produkte herkommen und wie sie zubereitet werden«, erinnerte er sich später.

Sein Lebensthema war gefunden: gutes, gesundes, umweltverträglich erzeugtes Essen.

Heute ist Denamur Anfang 60 und bekannt wie ein bunter Hund in der Gastroszene des Marais, das – trotz des Touristenandrangs – zu den ursprünglichsten Vierteln im Zentrum von Paris gehört. Er besitzt fünf Restaurants, in denen er seine Philosophie umsetzt, die das Frische, Ursprüngliche und Naheliegende preist. Daneben schreibt er Bücher, wettert in Interviews gegen die Agrarindustrie oder liebäugelt mit dem Einstieg in die Politik. Ein Tausendsassa, der, wenn er spricht, ebenso wenig zu stoppen ist wie eine überschäumende Flasche Champagner.

Uns hat es sein Lokal Les Philosophes angetan, eine Brasserie mit viel Holz und einer großen Bar, in der man vom Frühstück bis zum letzten Glas Wein um zwei Uhr nachts aufmerksam versorgt wird. »Ich zahle meine Angestellten gut, das ist wichtig, damit sie die Kunden gut behandeln«, sagt Denamur. Les Philosophes stehe zwar nicht auf den Listen der besten Restaurants der Welt; dafür wüssten seine Gäste, was sie vorgesetzt bekommen. »Die Gerichte, die sie bestellen und genießen, sind die, die ich selbst gerne esse.« Sie seien hausgemacht, und nicht aus Tiefgekühltem und Vorgekochtem zusammengemanscht.

Bestätigt fanden wir das etwa

beim Rüben-Tartar mit weichem Ei, bei dem Seeteufel in Bouillabaisse-Jus, einer Lammnuss mit Bio-Kräutern der Provence oder am Espresso-Kuchen, einer Spezialität des Hauses. Auf der Speisekarte werden die Lieferanten aufgeführt. So erfährt man, auf welchem Bauernhof genau die Bio-Kiwis geerntet wurden und dass die Würste von Tieren stammen, die weder genetisch verändert noch mit Antibiotika behandelt wurden.

Das kommt an im schicken Marais-Viertel. Die reiche Weinkarte mit vielen offenen Weißen und Roten hebt zusätzlich die Stimmung. Und wer Glück hat, kommt an einem Abend, an dem Denamur seinen asiatischen Koch gebeten hat, ein Hühner-Curry zuzubereiten.

26

METRO 1, 13 STATION CHAMPS-ÉLYSÉES - CLEMENCEAU

Im Palast der Republik

Frankreich blickt auf Paris, und Paris schaut auf den Élysée. Jeder Franzose, der Ambitionen in sich spürt, hat wohl schon einmal davon geträumt, als Präsident in *le château*, im Schloss, zu leben, wie der Élysée-Palast genannt wird. Der spätere Präsident Nicolas Sarkozy etwa bekannte bereits als Minister, er träume »nicht nur beim Rasieren« davon, dorthin zu gelangen. Der Palais de l'Élysée, ein Palast aus dem 18. Jahrhundert in einer Gartenanlage mitten in Paris, ist der Stein gewordene Sehnsuchtsort einer *grande nation*, das Symbol ihrer Macht und Weltgeltung.

Dabei darf man sich das Leben im Elysium, bei aller Pracht, nicht gemütlich vorstellen. Der

PALAIS DE L'ÉLYSÉE
RUE DU FAUBOURG SAINT-HONORÉ 55
BESICHTIGUNG NUR EINMAL IM JAHR AN DEN EUROPÄISCHEN TAGEN DES KULTURERBES AM DRITTEN SEPTEMBERWOCHENENDE

TIPP

EIN AUSGEZEICHNETES LOKAL IN DER NÄHE DES ÉLYSÉE-PALASTES IST DAS KORSISCHE RESTAURANT »A LA CHÂTAIGNE«
RUE DE MIROMESNIL 22

TGL. (AUSSER SO) VON 12-15 UND VON 19-22.30 UHR

einstige Präsident Raymond Poincaré jammerte: »Ich fühle mich wie in einem Gefängnis, oder besser, ich glaube, ein Haus der Toten zu bewohnen.« Auch andere Staatschefs klagten, sie lebten isoliert von der Welt der normalen Bürger. Das mag erklären, warum etliche von ihnen zu Eskapaden neigten. Präsident Félix Faure soll mitten in einem Schäferstündchen im Blauen Salon verschieden sein. Von François Hollande schrieben die Zeitungen, er sei nachts auf einem Motorroller aus dem Palast geflüchtet, um eine Geliebte zu besuchen.

Dabei wohnt es sich im Élysée nicht direkt beengt. Der Sitz des Staatspräsidenten verfügt über 365 Zimmer, einen 600 Quadratmeter großen Küchentrakt und einen Weinkeller, in dem Abertausende Flaschen lagern.

Doch was geht das den Paris-Touristen an? Natürlich ist der Élysée für ihn verschlossen. Ihm bleibt nur, durch das Rücktor an der Avenue Gabriel in den Garten zu lugen; oder sich vor dem Hauptportal an der Rue du Faubourg Saint-Honoré zu positionieren und zu hoffen, dass es sich einer schwarzen Limousine öffnet und den Blick in den Ehrenhof freigibt.

Gibt es denn gar keine Möglichkeit, wenigstens einmal in den Palast zu gelangen? Es gibt sie. Jedes Jahr im September werden in Frankreich zwei Tage des europäischen Kulturerbes begangen. Dann können auch Normalsterbliche das Elysium erforschen, und das sogar kostenlos. Das Erlebnis hat seinen Preis: Bereits am frühen Morgen zieht sich ein Menschenwurm von der Place de la Concorde bis zum Élysée-Palast. Glücklich, wer Proviant und einen Klappstuhl bei sich hat, denn die Wartezeiten können bis zu fünf, sechs Stunden dauern. Dennoch ist die Stimmung gut, festlich. Die Pariser und ihre Gäste warten geduldig, bis sie an der Reihe sind, den gold- und purpurfarbenen Festsaal, die Salons und das Arbeitszimmer des Präsidenten zu bestaunen. Wer ganz viel Glück hat, trifft den Staatschef persönlich, der an seinem Schreibtisch sitzt, um sich von unzähligen Handys ablichten zu lassen. Etwas gequält sieht er dann aus. Der Élysée ist eben doch noch nicht das Paradies.

METRO 1, 8, 12 CONCORDE

Im Palast der Marine

HÔTEL DE LA MARINE
PLACE DE LA CONCORDE 2
WWW.HOTEL-DE-LA-MARINE.PARIS
TGL. 10.30–19 UHR, FR BIS 21.30

TIPP

IN EINEM TEIL DES HÔTEL DE LA MARINE WERDEN WECHSELNDE WERKE DER AL THANI COLLECTION (KATAR) AUSGESTELLT, EINER ERLESENEN KUNSTSAMMLUNG. WWW.HOTEL-DE-LA-MARINE.PARIS/DE/ENTDECKEN/DIE-AL-THANI-COLLECTION VOM ALLGEMEIN ZUGÄNGLICHEN EHRENHOF DES HÔTEL DE LA MARINE HAT MAN ZUGANG ZUM EXTRAVAGANTEN CAFÉ-RESTAURANT LAPÉROUSE. LAPEROUSE.COM

Wenn in Paris von einem »Hôtel« die Rede ist, muss es sich nicht um ein Hotel im herkömmlichen Sinn handeln. In vielen Fällen ist von einem Stadtpalais die Rede, auch »Hôtel Particulier« genannt. Diese Residenzen ähneln kleinen Schlössern, da jeder, der es sich leisten konnte, wenigstens ein bisschen den König in Versailles nachahmen wollte.

Ein besonders prachtvoller Stadtpalast, das Hôtel de la Marine an der Place de la Concorde, war zwei Jahrhunderte lang Sitz des französischen Marineministeriums. Nach dessen Auszug im Jahr 2015 wurde er für 130 Millionen Euro restauriert und 2021 für alle geöffnet. Nicht als klassisches Museum, sondern

als Ort der Begegnung und Begehung.

Der klassizistische Prachtbau mit der imposanten Säulenloggia wurde unter Ludwig XV. ab 1757 als Sitz der Garde Meuble, der königlichen Möbelverwaltung, errichtet. Das mag putzig klingen, nach Ikea Royal. Tatsächlich hatte das Amt enorme Bedeutung. Es musste die königlichen Schlösser, angefangen bei Versailles, mit Möbeln, Bildern, Gobelins, Vasen und anderen wertvollen Einrichtungsgegenständen ausstatten. Dazu gehörte es, diese herzustellen, zu warten und zu restaurieren.

Der Intendant der Garde Meuble war direkt dem König unterstellt. Sein Appartement, eher ein Palast im Palast, ist bei der Renovierung originalgetreu wiederhergestellt worden. Mit unglaublicher Mühe. Allein von den Wänden mussten bis zu 18 Schichten entfernt werden, um das Originaldekor zum Vorschein zu bringen.

Nun können die Besucher hautnah nachvollziehen, wie so ein hoher Beamter des Königreichs lebte und arbeitete. Dank einer hervorragend gestalteten Audio-Führung erlebt man den Intendanten in seinem Empfangszimmer und Repräsentationsbüro, aber auch im flamboyanten Speisesaal, im Schlafzimmer, im verspiegelten Erotikkabinett und in der Badewanne samt Warmwasserhahn – ein unglaublicher Luxus damals.

Nach der Revolution – der Hinrichtungsbefehl für Königin Marie-Antoinette wurde hier im Hôtel unterzeichnet und draußen auf dem Platz vollstreckt – durfte die französische Marine in den Palast einziehen. Der zweite Teil des Rundgangs zeigt ihre Repräsentationssäle, darunter den goldtrunkenen Ballsaal. Hier wurden Tanzfeste anlässlich der Kaiserkrönung Napoleons im Jahr 1804 und der Aufstellung des Obelisken auf der Place de la Concorde im Jahr 1836 gegeben. Verspiegelte Videosäulen zeigen Szenen dieser opulenten Bälle mit ihren wechselnden Moden –

ein gelungenes Beispiel moderner Ausstellungspräsentation.
Im Verlauf des Rundgangs erlebt der Besucher, wie im Hôtel de la Marine 1848 die Urkunde zur Abschaffung der Sklaverei unterzeichnet wurde, was 200 000 Menschen die Freiheit brachte. Von hier aus wurden aber auch die Forschungsreisenden und Militärexpeditionen losgeschickt, die Frankreich – im Wettlauf vor allem mit Großbritannien – ein Kolonialreich verschafften. An einem riesigen, runden Tisch mit interaktiver Oberfläche lassen sich diese Entdeckungs- und Eroberungsfahrten nachvollziehen.

28

METRO 8, 12, 14 STATION MADELEINE ODER METRO 7, 14 STATION PYRAMIDES ODER METRO 1 STATION TUILERIES

Auf einen Drink mit Hemingway

Am 25. August 1944 fuhr ein Militärjeep mit einem bunten Haufen alliierter Soldaten und französischer Partisanen auf der Place Vendôme vor dem Hotel Ritz vor. Ihr Anführer, ein amerikanischer Kriegskorrespondent, stürmte hinein und rief: »Wo sind die Deutschen? Ich bin gekommen, das Ritz zu befreien.« Er durchkämmte den Weinkeller, nahm zwei Gefangene, beschlagnahmte einen ausgezeichneten Brandy und begab sich dann in die Bar des Ritz, um die Befreiung mit Champagner zu feiern. So weit die Legende.

Der Korrespondent war kein anderer als der spätere Literatur-Nobelpreisträger Ernest Hemingway, der schon in den 1920er Jah-

BAR HEMINGWAY
PLACE VENDÔME 15
WWW.RITZPARIS.COM/HOTEL/PARIS/BARS-RESTAURANTS/BAR-HEMINGWAY
TGL. 17.30–0.30 UHR

TIPP

DER SALON PROUST IM HOTEL RITZ IST MARCEL PROUSTS JAHRHUNDERT-ROMAN *AUF DER SUCHE NACH DER VERLORENEN ZEIT* GEWIDMET UND STEHT AUCH NICHT-HOTELGÄSTEN ALS CAFÉ OFFEN.
WWW.RITZPARIS.COM/HOTEL/PARIS/BARS-RESTAURANTS/SALON-PROUST
TGL. 13–20 UHR

ren mit seinem Freund F. Scott Fitzgerald die Bar des Ritz unsicher gemacht hatte. Hemingways Credo als Schriftsteller lautete: »Alles, was du tun musst, ist einen wahren Satz zu schreiben. Schreib den wahrsten Satz, den du kennst.« Das hinderte ihn freilich nie daran, an seiner eigenen Legende zu stricken. Fantasie und Erlebtes, Dichtung und Wahrheit gingen dabei ineinander über. Was nicht ausschließt, dass alle seine Geschichten in einem höheren Sinne wahr sind.

Über Hemingways Befreiung des Ritz kursieren viele Geschichten. Ein Teil des Hotels war von den deutschen Besatzern im Zweiten Weltkrieg beschlagnahmt worden und diente der Luftwaffe als Hauptquartier. Hermann Göring residierte in der Suite Impériale. Als Hemingway im Ritz eintraf, waren die Deutschen allerdings bereits abgezogen. Lucienne Elmiger, die Frau eines der Hoteldirektoren, erinnerte sich später an den Auftritt des Schriftstellers: »Er sah aus wie ein alter Cowboy, mit dem Revolver am Koppel, über das sein Bauch hing. ... Er begab sich sofort in die Bar.«

Heute trägt das intime Lokal mit der Eichenholzvertäfelung seinen Namen – Bar Hemingway. Colin Field, der als bester Barkeeper der Welt ausgezeichnet wurde, führte es fast 30 Jahre lang bis 2023 und hat es zu einem Hemingway-Schrein gemacht. An den Wänden hängen Bilder mit Fotos von »Papa«, wie ihn seine Freunde nannten, Titelseiten von Magazinen wie *Life*, Haifischkiefer, der Schädel eines Büffels und handgeschriebene Briefe. »Das ist eine Bar voller Geschichten«, sagte der Brite Fields mir bei einem Besuch. Dabei ist er, der weiterhin, wenn auch an anderen Orten, in Paris tätig ist, selbst ein großartiger Geschichtenerzähler. So sieht er sich auch weniger als Barkeeper denn als Künstler. »Jedes Mal, wenn ich einen Cocktail erfinde, gibt es eine Geschichte dazu.«

Zum Kennenlernen sollte man Fields' berühmteste Kreation probieren, den Serendipity aus Calvados, frischer Minze, Apfelsaft und Champagner. Zu Hemingways Zeiten gab es diesen Cocktail zwar noch nicht. Doch wenn man genug davon getrunken hat, sieht man »Papa« drüben an der Theke sitzen, in der Hand einen Dry Martini.

29

METRO 4 STATION LES HALLES

Suppe der Könige – und Bettler

Es war einmal ein Edelmann, Stanislas Leszczyński, der besuchte jedes Jahr seine Tochter Marie, die Frau des französischen Königs Ludwig XV. Auf der Fahrt nach Versailles pflegte der frühere polnische König, der nun Herzog von Lothringen war, in dem Ort Châlons-en-Champagne zu nächtigen. Eines Abends wurde ihm dort eine so köstliche und nahrhafte Suppe vorgesetzt, dass er unbedingt lernen wollte, sie selbst zuzubereiten. Also stieg seine Majestät hinab in die Küche, in der beißender Zwiebelgeruch waberte, und ließ sich vom Koch unterrichten. So gelangte die Soupe à l'oignon nach Versailles und Paris.

Nur eine Legende? Womöglich. Aber doch die schönere Geschichte als die offizielle Historie, wonach bereits die alten Römer die Zwiebelsuppe als Magenfüller fürs Volk kannten. Zwiebeln sind leicht anzubauen und daher billig. Und ihr Geschmack ist so stark, dass man getrost altes Brot und sonstige Essensreste zu ihnen in die Suppe geben kann.

Verbürgt ist, dass die mit Käse gratinierte Pariser Zwiebelsuppe bereits im 18. Jahrhundert in den Schenken des Hallenviertels serviert wurde – für Marktweiber und Fleischer, Clochards und Nachtschwärmer. Die heiße, kräftige und billige Suppe füllte den »Bauch von Paris«, wie auch ein Roman Émile Zolas heißt.

Heute ist der Lebensmittelgroßmarkt aus dem Stadtzentrum verschwunden, die alten Markthallen wurden abgerissen. In den vergangenen Jahren erhielt das Hallenviertel für eine Milliarde Euro ein neues Gesicht. Ein gigantisches, gewelltes grüngelbes Dach aus Glas und Stahl lugt wie das Auge eines Sauriers aus dem Viertel. Darunter verbirgt sich eine der modernsten und größten Shopping-Malls Europas.

In den Lokalen des Hallenviertels aber wird nach wie vor Zwiebelsuppe angeboten. Auf den Tisch kommt eine schneeweiße Terrine mit verkleckertem Rand, deren Inhalt von einer gummiartigen Kruste aus leicht angebranntem Käse versiegelt ist. Alle Vorstellungen von feiner französischer Küche oder gar der Nouvelle Cuisine gilt es jetzt zu vergessen. Denn die Soupe d'oignons aux Halles ist ein derbes Gericht. Und dennoch köstlich.

Über die beste Zwiebelsuppe der Stadt können Pariser lange streiten. Für die Zubereitung gibt es etliche Varianten. Bewährt hat sich folgendes Rezept: Man schäle die Zwiebeln in feine Ringe und brate sie in einem Topf mit heißem Öl eine gute Viertelstunde lang goldgelb an. Dann werden sie mit Mehl bestäubt und mit Salz, Pfeffer und Zucker gewürzt. Alles gut umrühren, mit trockenem Weißwein und Hühnerbrühe aufgießen und noch einmal eine Viertelstunde köcheln lassen. In der Zwischenzeit werden Weißbrotscheiben getoastet oder in Butter knusprig gebraten. Danach kommt die Zwiebelsuppe in die Terrinen, das Brot wird daraufgelegt, das Ganze mit geriebenem Gruyère-Käse bestreut und vier Minuten im Ofen überbacken.

Falls Sie nun Hunger haben – keine Sorge: Nach dieser Zwiebelsuppe sind Sie mit Sicherheit satt.

30

METRO 3 STATION BOURSE

Eine Mall für Flaneure

Sie sind die Nachfahren der Basare und Markthallen und die Vorläufer der Shopping-Malls – die Passagen, die im 19. Jahrhundert in vielen Städten entstanden. Den Anfang machte – *bien sûr!* – Paris, wo 1789 die Passage du Caire eröffnete. Danach war kein Halten mehr. Wie Maulwürfe bauten die Investoren Ladengänge durch die Häuserblocks, um Straßen auf kurzem Weg zu verbinden und den Parisern ein bequemes Einkaufen zu ermöglichen, ohne Regen, Sonnenhitze, Lärm und Straßenschmutz. Moderne Technik wie der Einsatz von Eisenträgern erlaubte es, die Ladenpassagen mit filigranen Glasdächern zu überziehen, damit sie Licht von oben bekamen. Das mit der

GALERIE VIVIENNE
RUE DES PETITS CHAMPS 4
WWW.GALERIE-VIVIENNE.COM
TGL. 8.30-20 UHR

LIBRAIRIE JOUSSEAUME
MO - SA 11-19 UHR

BISTROT VIVIENNE
WWW.BISTROTVIVIENNE.COM
TGL. 9-24 UHR

Industrialisierung reich werdende Bürgertum liebte es, sich in diesen eleganten Gängen zu präsentieren und die neueste Mode zur Schau zu stellen. Walter Benjamin schrieb später: »1839 war es elegant, beim Promenieren eine Schildkröte mit sich zu führen. Das gibt einen Begriff des Flanierens in den Passagen.«

Lange in Vergessenheit geraten, wurden die Stollen seit den 1970er Jahren wiederentdeckt und restauriert. So kann der Flaneur von heute in der Gegend zwischen der Rue de la Fayette und dem Palais Royal viele von ihnen durchstreifen. Vielleicht besorgt er sich vorher einen Spazierstock in der Galerie Fayet, die er in der Passage Jouffroy findet. Hier gibt es historische Modelle mit Goldknauf oder Elfenbeingriff in Form einer nackten Dame; aber auch klassischere Modelle aus edlen Hölzern.

So ausgestattet, lässt sich die eleganteste noch existierende Passage der Stadt besuchen: die 176 Meter lange, sich durch Spiegel und reflektierende Schaufenster ins Illusionäre weitende Galerie Vivienne, die sich in ihrem neoklassizistischen Stil vom antiken Pompeji anregen ließ. Während der Spazierstock über die Bodenmosaike klackt, kann der Flaneur die Göttinnen und Nymphen in der glasgedeckten Rotonde bewundern, die Malereien und Stuckaturen an den apricotfarbenen Wänden und die Vitrinen der Geschäfte, die Prêt-à-porter-Kleider von Jean-Paul Gaultier und Alexis Mabille, Schuhe, Innendekor, Antiquitäten, Uhren, erlesenes Kinderspielzeug und Geschenkartikel anbieten.

Besonders lohnend ist ein Besuch der 1826 gegründeten Librairie Jousseaume, die sich, nicht ganz zu Unrecht, als »Tempel der Lektüre« bezeichnet. Mit dem einen oder anderen Fundstück versehen, kann sich der Spaziergänger dann ins historische Bistrot Vivienne setzen, um bei einer Käseplatte, frischem Brot, gesalzener Butter und einem Glas Bordeaux mit dem Schmökern zu beginnen. Wie in den alten Zeiten.

31

METRO 1, 5, 8 STATION BASTILLE

Laufsteg in den Lüften

Ein Spazierweg im Grünen, hindurch zwischen Blutbuchen, Linden, Kirschbäumen und Goldregen. Samthortensien und Rosenbüsche säumen die Lichtungen, Blauregen und Wein überwuchern Metalltore, im Frühjahr flammt gelb und rot der Ginster. Auf den Holzplanken liegen Studenten mit ihren Skripten. Ein Clochard genießt die Vormittagssonne. Skater huschen vorbei. Und das alles hoch über den autodurchtosten Straßen des 12. Arrondissements, vorbei an den zweiten und dritten Stockwerken von Haussmann-Häusern und postmodernen Bürogebäuden, geschützt vor den Autos und weit genug weg vom Großstadtlärm, um das Gezwitscher der Vögel zu genießen. Ein Wanderweg durch den Südosten der Stadt.

Die Promenade plantée (bepflanzte Promenade), die heute offiziell Coulée verte René Dumont heißt (benannt nach dem ersten grünen Präsidentschaftskandidaten), beginnt hinter der Place de la Bastille. Dort, wo sich die ultramoderne Bastille-Oper ausbreitet, stand bis 1984 ein Bahnhof, von dem aus die Züge auf einer Hochtrasse nach Vincennes fuhren. 1969 wurde die Strecke stillgelegt. Zwei Jahrzehnte später, als Paris grüner werden sollte, entdeckte man sie wieder. Landschaftsarchitekten nahmen sich der Schneise durch den Häuserwald an und

verwandelten sie in ein grünes Band.
Eine unscheinbare Treppe führt hinter der Oper auf das Viaduc des Arts hinauf, in dessen Bögen sich Ateliers, Restaurateure und Einrichtungshäuser niedergelassen haben. Oben, in zehn Metern Höhe, beginnt die fünf Kilometer lange Promenade. Bisweilen ist sie so dicht überwachsen, dass sich der Spaziergänger wie in freier Natur fühlt. Dann wieder geben die Bäume den Blick auf die oberen Stockwerke benachbarter Häuser frei. Wären wir indiskret, könnten wir direkt in die Wohnungen blicken.
Später führt der Weg über eine Fußgängerbrücke, die den Park Jardins de Reuilly überspannt. Danach geht es auf Straßenniveau weiter, doch stets geschützt im Grünen, durch orange beleuchtete Eisenbahntunnels und wildes Unterholz. Der Weg endet am Boulevard périphérique, dem Gegenteil der Promenade plantée: Der zehnspurige Autobahnring gehört zu den am stärksten befahrenen Straßen des Kontinents.
Wer sich bei diesem Anblick gleich wieder ins Grüne flüchten will, der hat es nicht weit bis zum Bois de Vincennes mit seinem Botanischen Garten. Die Promenade plantée aber ist weltweit zum Vorbild geworden. New York ließ sich davon inspirieren, um den High Line Park einzurichten. Ähnliche Projekte sind in Saint-Louis, Chicago oder Rotterdam vorgesehen. Die alte Dame Paris, sie wirkt weiter als Trendsetter.

32

METRO 1 STATION LOUVRE RIVOLI; METRO 4 STATION LES HALLES;
METRO 7, 11, 14 STATION CHÂTELET

Kunst und Kommerz

BOURSE DE COMMERCE - PINAULT COLLECTION
RUE DE VIARMES 2
WWW.PINAULTCOLLECTION.COM/FR/BOURSEDECOMMERCE
MO - SO 11-19 UHR, FR BIS 21 UHR

TIPP

ZU JEDER HALBEN STUNDE BIETET DIE SAMMLUNG PINAULT EINE KURZFÜHRUNG ZUR JEWEILS AKTUELLEN AUSSTELLUNG UND ZUR ARCHITEKTUR DES GEBÄUDES AN. IM DRITTEN STOCK DER BOURSE DE COMMERCE BEFINDET SICH DAS ERLESENE CAFÉ-RESTAURANT HALLE AUX GRAINS MIT AUSGEZEICHNETEM BLICK AUF DIE STADT.

WWW.HALLEAUXGRAINS.BRAS.FR
TGL. AUSSER DI 12-15 UHR, 15-18 UHR UND 19.30-24 UHR; DI NUR 19.30-24 UHR

Früher waren Päpste und Könige die großen Kunstmäzene. Heute sind es Multi-Milliardäre. Insbesondere, wenn sie Franzosen sind. So ließ Bernard Arnault, der reichste Mensch Frankreichs und der restlichen Welt, 2016 in Paris die Fondation Louis Vuitton eröffnen, eines der spektakulärsten Museen der Stadt (siehe Kapitel 56).

Nun hat sein Milliardärs-Konkurrent François Pinault nachgezogen und die Bourse de Commerce, die ehemalige Pariser Wa-

renbörse im alten Hallen-Viertel, zu einem Magneten der Kunstszene gemacht. Er stellt hier, periodisch wechselnd, einen Teil seiner riesigen Sammlung zeitgenössischer Kunst aus.
Der Kontrast des aus dem 18. Jahrhundert stammenden, im 19. Jahrhundert erneuerten antikisierenden Rundbaus zu den zeitgenössischen Gemälden, Skulpturen, Installationen oder Videos ist eindrucksvoll. Zudem ist es dem japanischen Architekten Tadao Ando beim Umbau der Rotonde für die Sammlung Pinault gelungen, Respekt für das Bestehende mit radikaler Erneuerung zu verschmelzen. Er hat in den – von einer Kuppel aus Glas und Gusseisen überdachten – Lichthof der Rotonde einen schnörkellosen Betonzylinder gesetzt. Dieser bildet nun das Herzstück der Ausstellung. Darin zu sehen sind etwa in grellen Farben leuchtende, gläserne Variationen von Kandor, der fiktiven Geburtsstadt Supermans, ein Werk des amerikanischen Multi-Künstlers Mike Kelley.
Rund um diesen Zylinder kreisen die Gänge, Rampen, Treppenhäuser und Säle des Museums. Sie zeigen Werke etablierter und noch wenig bekannter moderner Künstler, die Pinault in den vergangenen Jahrzehnten gesammelt hat. Zu den bekannten zählen neben Kelley etwa Alighiero Boetti, Mira Schor, Damien Hirst, Jeff Koons und auch die noch junge Ser Serpas.
Der Kenner moderner Kunst wird vieles wiederfinden und manches neu entdecken. Der Laie mag erst einmal ziellos durch die Sammlung streifen, um die Werke ungefiltert auf sich wirken zu lassen, bevor er sich vielleicht einem Audio-Guide anvertraut – und dem Rat Pablo Picassos: »Kunst wäscht den Staub des Alltags von der Seele.«

METRO 1 STATION SAINT-PAUL

Wo man sich die Kugel gibt

BERTHILLON
RUE SAINT-LOUIS EN L'ÎLE 29-31
BERTHILLON.FR
MI - SO 10-20 UHR

UNE GLACE À PARIS
RUE SAINTE-CROIX DE LA BRETONNERIE 15
WWW.UNE-GLACE-A-PARIS.FR
MO - FR 13.30-24 UHR; SA, SO 12-24 UHR

Eis? »Da müssen Sie zu Berthillon gehen«, werden die meisten Pariser raten und versichern, der Familienbetrieb in fünfter Generation an der Westspitze der Île Saint-Louis mache das beste Eis der Stadt – und damit der Welt. Die Eisdiele ist nicht zu übersehen. Vor dem Straßenverkauf wartet meist, ohne zu murren, eine beträchtliche Menschenschlange. So bleibt Zeit für den schwierigen Prozess, sich zwischen Mandelmilcheis, Käsekucheneis, einem Waldfrüchtesorbet oder Caramel au beurre salé (ein salziges Butterkaramelleis) zu entscheiden. Beim Verzehr auf einem Mäuerchen über der Seine wird auch der gern etwas gehetzte Pariser andächtig.

»C'est super bon«, hört man ihn flüstern.

Inzwischen hat Berthillon jedoch Konkurrenz durch andere hervorragende Eisdielen bekommen. Etwa drüben auf dem rechten Ufer, im Marais-Viertel, wo 2015 Une glace à Paris eröffnet hat. Emmanuel Ryon, der als Pâtisserie-Weltmeister ausgezeichnet wurde, ließ sich nach Lehrjahren in der ganzen Welt mit seinem Freund Olivier Ménard hier nieder, um die Passanten eiskalt zu verführen. Ihre Eisspezialitäten bereiten die beiden im Keller ihres hellen, an eine Puppenstube erinnernden Ladens zu. Sie verkaufen sie im Hörnchen oder servieren sie in

der Teestube einzeln in eleganten Glasschalen auf einem Holzbrettchen.
Das Besondere hier: beste Qualität der Zutaten, thematische Reihen mit mehreren Eissorten zu einem Grundgeschmack, etwa Vanille, und Mut zu ungewöhnlichen Kreationen. Wer glaubt, Olivenöl habe nichts in Vanilleeis zu suchen, wird hier bekehrt. Der rassige Geschmack der Frucht des Ölbaums wird durch die Vanille ins Duftig-Weiche abgemildert. Andere Experimente bringen ein Eis aus auf Buchenholz geräucherter Inaya-Schokolade hervor, eine Melange aus brasilianischer Guave, Birne und Schattenmorelle oder ein Sorbet mit Orangen-, Karotten- und Ingwer-Noten. Je nach Jahreszeit verschwinden alte und kommen neue Kreationen hinzu. Ein guter Grund mehr, immer mal wieder hier vorbeizuschauen.

34

METRO 1 STATION SAINT-PAUL ODER METRO 5 STATION BRÉGUET-SABIN ODER METRO 1, 5, 8 STATION BASTILLE

Ein Königsplatz fürs Volk

Vielleicht sollte ein Paris-Besuch hier beginnen, auf dem ältesten und – wie viele finden – schönsten Platz der Stadt, im Zentrum des Marais. Hier, auf der ehrwürdig-eleganten Place des Vosges, kann man sich in Ruhe akklimatisieren. Bei einem Mittagessen in einem der behaglichen Restaurants, die ihre Tische auch unter den Arkaden aufstellen, lassen sich erste Abenteuer mit französischer Küche bestehen, mit Burgunderschnecken, Foie gras oder der nach Innereien schmeckenden Andouillette-Wurst, die schon etwas Entdeckermut erfordert. Feinschmecker werden dagegen im Drei-Sterne-Restaurant L'Ambroise auf ihre Kosten kommen, etwa bei Täubchen auf

MAISON DE VICTOR HUGO
PLACE DES VOSGES 6
MAISONSVICTORHUGO.PARIS.FR
TGL. (AUSSER MO) 10-18 UHR

mit Kümmel eingelegten Datteln.

Aus dem Halbdunkel der Arkaden heraus kann man den 140 mal 140 Meter großen, geometrisch angelegten Platz bewundern. 36 einheitlich gestaltete, vom Stil der Renaissance und des Frühbarocks geprägte Palais aus rotem Backstein, sandgelbem Haustein und grauen Schieferdächern umstehen den Platz mit dem Reiterstandbild Ludwigs XIII., den Brunnen, den Wegen, Rasenflächen und akkurat gestutzten Linden. Längst hat das Volk den einst königlichen Ort übernommen, bei gutem Wetter lagern hier junge Leute beim Picknick auf den Wiesen, bei schlechtem promeniert man unter den Arkaden, um die Schaufenster der Boutiquen und Galerien zu betrachten.

Die Place des Vosges wirkt harmonisch und beruhigend, Geschichte und Gegenwart durchmischen sich hier. Und doch ist ihr Ursprung eine blutige Tragödie. Einst befand sich an dieser Stelle die königliche Residenz Les Tournelles mit ihren Gärten. Bei einem Turnier im Jahr 1559 wurde König Heinrich II. von einer Lanze ins Auge getroffen. Er starb kurz darauf. Seine Frau, Katharina von Medici, zog in den Louvre, die Residenz Les Tournelles wurde abgerissen und durch einen Pferdemarkt ersetzt. Als Heinrich IV. einen eleganten Platz für Feste und Promenaden errichten wollte, fiel seine Wahl auf diesen Ort. Die Bauvorschriften waren streng, um ein einheitliches Bild zu schaffen. 1612 wurde die Place Royale, wie sie damals hieß, anlässlich der Verlobung des elf Jahre alten Königs Ludwig XIII. mit der zehnjährigen Anna von Österreich eingeweiht. Das kindliche Paar feierte zwei Tage lang – mit 230 Musikern und einem Feuerwerk.

Fortan wurde die Place Royale – die in der Revolution in Place des Vosges umbenannt wurde, weil das Departement Vogesen als Erstes die Revolutionssteuer bezahlte – ein begehrter Wohnsitz für die Mächtigen, Reichen und Berühmten. Kardinal Richelieu residierte hier, Molière und Victor Hugo, dessen Wohnung in Palais Nummer 6 heute Museum ist. Auch der junge Georges Simenon arbeitete hier an Kriminalromanen und empfing Kokotten. In jüngster Zeit folgten der frühere Kulturminister Jack Lang oder der skandalumtoste ehemalige Chef des Internationalen Währungsfonds Dominique Strauss-Kahn. Die Place des Vosges bleibt eine der teuersten Adressen im ohnehin teuren Paris. Umso schöner ist es, dass sie allen Menschen offensteht.

35

METRO 8 STATION FILLES DU CALVAIRE ODER SAINT-SÉBASTIEN-FROISSART ODER CHEMIN VERT ODER METRO 11 STATION RAMBUTEAU

Pablos Palais

MUSÉE NATIONAL PICASSO
RUE DE THORIGNY 5
WWW.MUSEEPICASSOPARIS.FR
DI - FR 10.30-18 UHR;
SA, SO 9.30-18 UHR

Als Pablo Picasso mit Mitte 60 eine Ausstellung von Kinderbildern besuchte, sagte er: »Mit zwölf Jahren zeichnete ich wie Raffael. Und ich habe ein ganzes Leben gebraucht, um wie ein Kind zeichnen zu lernen.« Einen Einblick in dieses Lernen eines Genies, in seine Experimentierfreudigkeit und seine Beziehung zu anderen Künstlern gibt das Musée Picasso. Der Maler, der einen Großteil seines Lebens an der Seine verbrachte, starb 1973 mit 91 Jahren in Südfrankreich. Um die Erbschaftssteuer zu begleichen, gab seine Familie Tausende seiner Arbeiten dem Staat. Der eröffnete 1985 im Marais das Picasso-Museum.

Dem Maler hätte das prächti-

ge, im 17. Jahrhundert als Privatpalast erbaute Hôtel Salé gefallen – er liebte stattliche alte Häuser. Allerdings wurde das Museum von 2009 bis 2014 für 52 Millionen Euro modernisiert. Manche Kunstkritiker beklagen, dadurch sei der Charme des alten Palais zerstört worden. Andererseits lassen die ganz in Weiß gehaltenen, sachlich-klaren Räume die Farben- und Formenvielfalt Picassos trefflich zur Wirkung kommen. Und die Modernität der Ausstellungsräume kontrastiert reizvoll mit dem barocken Treppenhaus aus sandfarbenem Stein.

Wer sich auf die Sammlung einlässt, wird ohnehin schnell Zeit und Raum vergessen. Vom Keller bis zum Dach spüren die Dauerausstellung sowie Wechselausstellungen dem Genie Picassos nach. Die Gemälde reichen von der Blauen und Rosa Periode über den Kubismus und den Surrealismus bis ins Spätwerk. Zu sehen sind Entwürfe für die *Demoiselles d'Avignon*, die Gemälde *Stillleben mit Rohrstuhl*, *Figuren am Meeresufer* oder die *Minotauromachie* sowie Porträts von Picassos Frauen. Hinzu kommen Skulpturen, Keramiken, Assemblagen, Fotografien aus dem Leben des Künstlers und Bilder anderer Maler aus seiner Sammlung. »Gebt mir ein Museum, ich werde es füllen«, sagte Picasso. Er hat Wort gehalten.

An den Großen Boulevards

36

METRO 3, 7, 8 STATION OPÉRA

Oper mit Phantom

OPÉRA GARNIER
PLACE DE L'OPÉRA
WWW.OPERADEPARIS.FR
BESICHTIGUNG:
EINGANG AN DER ECKE RUE SCRIBE
UND RUE AUBER
TGL. 10–17 UHR, JE NACH
AUFFÜHRUNGEN AN MANCHEN TAGEN NUR
BIS 12.30 UHR

TIPPS

DIE MODERNE OPÉRA BASTILLE AN DER PLACE DE LA BASTILLE KANN EBENFALLS BESICHTIGT WERDEN, ALLERDINGS NUR IM RAHMEN VON FÜHRUNGEN. INFORMATIONEN UNTER: WWW.OPERADEPARIS.FR/VISITES/OPERA-BASTILLE/INFORMATIONS-PRATIQUES

WWW.OPERADEPARIS.FR/VISITES/OPERA-BASTILLE

TICKETS FÜR BALLETT- UND OPERNAUFFÜHRUNGEN SOWIE KONZERTE IN DER GARNIER-OPER UND DER BASTILLE-OPER KÖNNEN ONLINE BESTELLT WERDEN UNTER: WWW.OPERADEPARIS.FR/PROGRAMMATION

Bald nachdem die Garnier-Oper 1875 eröffnet worden war, gingen Gerüchte um, es spuke in dem neobarocken Kulturpalast. Bei den ersten Aufführungen waren seltsame Laute aus den sieben Stockwerke tiefen Kellergeschossen zu vernehmen. Bald darauf fiel das Gegengewicht des tonnenschweren Lüsters im Zuschauerraum herab und tötete eine Concierge. Ein Pferd verschwand auf unerklärliche Weise aus den unterirdischen Stallungen. Junge, womöglich exaltierte Tänzerinnen, berichteten von Gestalten, die durch die Wände wandelten. Und die Theaterleute fürchteten sich vor den Treppen, Gängen und Räumen tief unterhalb der Bühne – und vor allem vor dem See, den es in dieser Unterwelt geben sollte. Der Schriftsteller Gaston Leroux brauchte alles nur noch zu einer Geschichte zusammenzufügen – und fertig war der Roman *Das Phantom der Oper*.

Man muss die Geschichte von dem sensiblen Scheusal, das sich so unglücklich in das Chormädchen Christine verliebte, nicht glauben. Der »See« aber existiert wirklich. Denn das Gelände, auf dem der Architekt Charles Garnier im Auftrag Kaiser Napoleons III. die Oper erbaute, hat einen hohen Grundwasserspiegel. Deswegen ließ Garnier im untersten Kellergeschoss ein 5000 Kubikmeter fassendes Becken errichten, um eindringendes Wasser zu sammeln. Es wird noch heute von Technikern mit Kähnen befahren, um die Sicherheit der Grundmauern zu überprüfen.

Besucher dürfen den See und die Keller nicht erforschen. Doch auch so lohnt eine Besichtigung des flamboyanten, marmor- und freskentrunkenen, zwischen Neorenaissance und Neobarock taumelnden Riesenbaus, der bis zum Bau der Pariser Bastille-Oper das größte Opernhaus der Welt war. Das Große Foyer, das imposante Treppenhaus und der Spiegelsaal lassen das Gebäude wie ein Schloss wirken. Der in Rot- und Goldtönen gehaltene Zuschauerraum kontrastiert eigenartig mit dem Deckengemälde in der Kuppel, das Marc Chagall 1963 schuf. Heute werden hier vor allem Balletts aufgeführt.

Gleich links von der Bühne ist Loge Nummer fünf zu sehen, von der aus das Phantom Christine beobachtete und die Vorstellungen störte, wenn eine andere Diva den Vorzug bekam. Das Gespenst soll durch eine hohle Säule aus den Kellern in die Loge gelangt sein. In den vergangenen hundert Jahren wurde es nicht mehr gesichtet. Warum auch? Das Phantom muss sich nicht mehr in den obskuren Gewölben unter der Oper herumtreiben. Es ist längst in der ganzen Welt zu Hause – in Literatur, Filmen und auf den Musical-Bühnen.

METRO 9 STATION SAINT-AUGUSTIN ODER METRO 3, 9 STATION HAVRE-CAUMARTIN ODER METRO 7, 9 STATION CHAUSSÉE D'ANTIN (LA FAYETTE) ODER METRO 8, 9 STATION RICHELIEU-DROUOT

Das Paris des Präfekten

INFOS ZU GALERIES LAFAYETTE UND PRINTEMPS SIEHE KAPITEL 18

MUSÉE JACQUEMART-ANDRÉ
BOULEVARD HAUSSMANN 158
WWW.MUSEE-JACQUEMART-ANDRE.COM
DAS MUSEUM WAR VORÜBERGEHEND WEGEN RESTAURIERUNGSARBEITEN GESCHLOSSEN UND SOLLTE IM SEPTEMBER 2024 WIEDERERÖFFNET WERDEN.
ELEGANTES CAFÉ IM EHEMALIGEN SPEISESAAL DES PALAIS

Da steht er, in Bronze gegossen, auf hohem Sockel an dem nach ihm benannten Boulevard: Georges Eugène Haussmann, der Erbauer des imperialen Paris. »Großgewachsen, stark, tatkräftig, entschlossen und zugleich schlau, gerissen, mit einem fruchtbaren und einfallsreichen Gehirn«, so beschrieb einst ein Minister den Mann, der 1853 von Kaiser Napoleon III. zum Präfekten der Hauptstadt gemacht wurde. Sein Auftrag: Haussmann sollte aus dem engen, schmutzigen, übervölkerten Paris eine moderne Metropole machen. So begannen die *Grands travaux* – die Großen Arbeiten, der gewaltigste Umbau in der Geschichte der Stadt.

In seinen 17 Jahren als Präfekt ließ der Stadtplaner mit deutschen Wurzeln 20 000 Häuser abreißen und 40 000 neu errichten. Unzählige Sträßchen und Sackgassen verschwanden, um Raum zu schaffen für repräsentative Sichtachsen wie eben den Boulevard Haussmann und Plätze wie die Place de la République. Unter Haussmann wurden 175 Kilometer Straßen gebaut und 600 Kilometer Abwasserkanäle. Der Präfekt ließ Rathäuser, Schulen und Bahnhöfe errichten, Brunnen und Zehntausende Gaslaternen aufstellen, Parks anlegen und in allen Vierteln Grünanlagen, die *squares*, schaffen. Paris wurde luftiger, sauberer, gesünder – und schöner.

Insbesondere die großen Mehrfamilienhäuser, wie sie etwa am Boulevard Haussmann zu sehen sind, wurden bis ins kleinste Detail durchgeplant. Sie sind in Schichten aufgebaut wie eine Prinzregententorte: Im Erdgeschoss Geschäfte, Cafés und Restaurants, im Zwischengeschoss darüber Kontore und Büros, dann folgt der edle, mit durchgehenden Balkonen samt schmiedeeiserner Gitter versehene erste Stock, gefolgt von zwei, drei weiteren Stockwerken für nicht ganz so wohlhabende Bürger, bevor die geneigte Dachpartie beginnt, gedeckt mit Schiefer oder Zinkblech. Sie war den Dienstboten vorbehalten.

Die Haussmann-Häuser, die bis heute Paris prägen, durften höchstens 75 Meter hoch sein. Die Fassaden waren aus Haustein zu bauen. Für den Fassadenschmuck stand ein genau festgelegter Formenkanon aus Säulen, Pilastern, Kapitellen, Gesimsen, Fensterläden und -umrahmungen zur Verfügung. So erschuf Haussmann, inspiriert, angetrieben und unterstützt vom Kaiser, eine einheitliche, aber nicht einförmige Stadt.

Kritiker warfen dem Präfekten damals vor, er vernichte den Charme des mittelalterlichen Paris', fördere die Spekulation, häufe riesige kommunale Schulden an und verdränge arme Bürger aus der Innenstadt. Doch Haussmann war nicht zu stoppen. Um den zweieinhalb Kilometer langen Boulevard zu schaffen, der seinen Namen trägt, ließ er auch sein eigenes Geburtshaus abreißen.

Wer auf den Trottoirs des Boulevards, einer der wichtigsten Verkehrsachsen der Innenstadt, entlangspaziert, kommt an den legendären Luxuskaufhäusern Galeries Lafayette (Hausnummer 40) und Printemps (64) vorbei, an dem Gebäude (102), in dem Marcel Proust *Auf der Suche nach der verlorenen Zeit* schrieb, sowie an einem eleganten Palais (158), in dem das Kunstmuseum Jacquemart-André untergebracht ist. Kein Wunder, wenn der Bronzebaron auf seinem Sockel zufrieden dreinschaut. Er hat den Auftrag des Kaisers erfüllt.

METRO 2 STATION MONCEAU

Im Garten des Glücks

PARC MONCEAU
BOULEVARD DE COURCELLES 35
TGL. IM SOMMER 7-22 UHR,
IM WINTER 7-20 UHR

TIPP

ÄUSSERST SEHENSWERT SIND AUCH FOLGENDE GÄRTEN / PARKS:
JARDIN DU LUXEMBOURG
JARDIN DES TUILERIES
BOIS DE BOULOGNE
BOIS DE VINCENNES
BUTTES-CHAUMONT

Angenommen, es erschiene eine Fee und sagte, wir dürften uns in Paris eine Wohnung wünschen. Welche Gegend würden wir wählen? Eine der verschwiegenen Sackgassen mit versteckten Gärten im noblen 16. Arrondissement? Ein geschichtsträchtiges Palais im Marais? Oder lieber ein Hausboot auf der Seine beim Bois de Boulogne? Wahrscheinlich würden wir uns für eine Wohnung am Parc Monceau entscheiden – nicht so sehr wegen der schmucken Palais des Viertels, als wegen des Parks selbst.
»Au Parc Monceau / Entre les grilles et les arceaux / Le bonheur a fait son berceau ...«, singt der Musiker Yves Duteil: »Im Park Monceau / Zwischen den

Toren und den Bögen / Nahm das Glück seinen Anfang ...«

Das passt zu den Schulkindern in blauen Kitteln, die wie Tauben im Gras herumhüpfen, und erst recht zu den jungen Paaren, die eng umschlungen über die Sandwege schlendern, vorbei an einer Brücke, die einen Bach überspannt und hinüber zu Grotte und Wasserfall, Bassin und Säulenarkade. Exotische Bäume wie der Ginkgo und die Maulbeerfeige gedeihen auf dem welligen Gelände neben Kastanien, Zypressen und Magnolien. Das Sonnenlicht streift zwischen den Bäumen hindurch, huldigt den weißen Kelchen der Callas, setzt hier die Statue eines Dichters in Szene, da eine verwitterte Pyramide, dort die Ruinen eines Marstempels.

Der ebenso romantische wie familiäre Park, der einst dem Herzog von Orleans als Illusions-Garten diente, bietet allen etwas: Kleine Mädchen und Jungen vergnügen sich auf einem nostalgischen Karussell, während ihre meist dunkelhäutigen *nounous*, die Tagesmütter, auf den Bänken miteinander plaudern. Jogger drehen die gut einen Kilometer lange Runde. Ein Mann und eine Frau üben sich auf einer Wiese im Kickboxen, während am Kiosk die Leute Schlange stehen, für Crêpe und Zuckerwatte.

Künstler und Schriftsteller haben den Park schon immer geliebt, allein Claude Monet malte in ihm ein halbes Dutzend Bilder. Marcel Proust, der in der Nähe aufwuchs, spielte hier mit seinen Schulfreunden und kam auch später oft her, um spazieren zu gehen und die Leute zu beobachten. Ohne Fee können sich hier nur die wenigsten eine Wohnung leisten. Aber der Park steht allen offen.

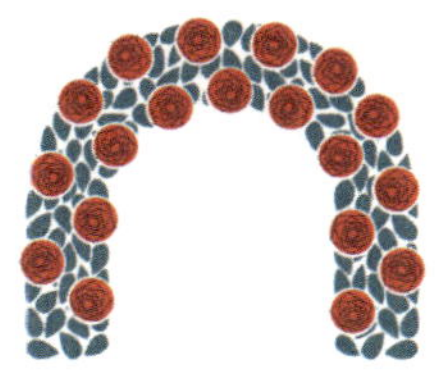

39

METRO 8, 9 STATION BONNE NOUVELLE

König des Kinos

LE GRAND REX
BOULEVARD POISSONIÈRE 1
WWW.LEGRANDREX.COM

TIPP

DAS KINO BIETET FÜHRUNGEN SAMT EINBLICKEN IN DIE FILMPRODUKTION AN. JEDES JAHR VON MITTE NOVEMBER BIS ANFANG JANUAR WIRD IM GROSSEN SAAL EINE »FÉERIE DES EAUX« (WASSERZAUBER) GENANNTE SHOW GEGEBEN, BEI DER 1200 WASSERSTRAHLER IM EINSATZ SIND.

Cineasten bedauern es bis heute. Die Zeit des ganz großen Kinos ist vorbei. Also die Epoche, in der die Lichtspielhäuser Tausende Menschen fassten, raffinierte Shows vor dem eigentlichen Film inszenierten und mit den wichtigen Theatern und Musicalhallen konkurrierten. Etwa seit den 1970er Jahren wurden die gigantischen Filmpaläste als unrentabel geschlossen oder in viele kleine Säle zerstückelt.

Ein unbeugsames Kino in Paris aber hört nicht auf, dieser Entwicklung Widerstand zu leisten. Es liegt am Boulevard Poissonnière. In riesigen, sich langsam drehenden Buchstaben auf dem 35 Meter hohen, säulengeschmückten Eckturm leuchtet

sein Name in die Pariser Nacht: Rex. In den vergangenen Jahren wurde der Bau innen und außen renoviert. Er erstrahlt jetzt wieder in der Art-déco-Pracht seiner Gründerzeit.

Seit dem Ende der Corona-Krise strömen die Menschen wieder in dieses mythische Lichtspielhaus der Stadt, darunter viele Kinder und Jugendliche, die hier erleben, was Kino in Zeiten von Smartphones und Tabloids immer noch bedeuten kann.

Die Lichter erlöschen und nur noch die dreidimensionalen, eine orientalisch-mediterrane Stadt darstellenden Bauten links und rechts der Bühne leuchten unter einem täuschend echt wirkenden Sternenhimmel hervor. Dann beginnt der Film auf der 300 Quadratmeter großen Leinwand. Das Flüstern und Rascheln verebbt, und schon sind die 2700 Zuschauer dem hypnotischen Zauber des Kinos verfallen.

Zu verdanken hat Paris das Rex dem Filmproduzenten und Filmverleiher Jacques Haïk. Er wollte das verwöhnte Publikum der französischen Hauptstadt mit einem besonders prachtvollen Lichtspielhaus überwältigen. Das gelang. Zur Eröffnung im Dezember 1932 kam Tout-Paris in Smoking und langem Abendkleid. Als Ehrengast erschien Louis Lumìere persönlich, einer der Pioniere der bewegten Bilder. Die Zeitung *Paris-Soir* schrieb am nächsten Tag: »Das Rex ist der

schönste Tempel, der dem Ruhm des Kinos je errichtet wurde.«
Es folgen bewegte Jahrzehnte. Während der deutschen Besatzung im Zweiten Weltkrieg dient das Rex als Soldatenkino. Die Resistance verübt deshalb einen Bombenanschlag darauf. 1945 werden heimgekehrte französische Kriegsgefangene darin untergebracht. Doch bald kehrt das Kino in das Haus mit seinem damals 3300 Menschen fassenden großen Saal – Grand Rex genannt – zurück.
1946 läuft hier erstmals ein abendfüllender Disney-Film: *Pinocchio*. 1957 weiht Gary Cooper im Rex eine der ersten Rolltreppen Frankreichs ein. 1963 präsentiert Adolf Hitchcock hier seine *Vögel*. 2002 sorgt ein Auftritt Britney Spears für Tumulte, bei denen Fensterscheiben zu Bruch gehen. Immer wieder finden französische Premieren bedeutender Filme im Rex statt, häufig treten die Großen des Showgeschäfts hier auf, von Liz Taylor über Steven Spielberg bis Madonna.
Heute verfügt das Rex über insgesamt sieben Vorführräume. Doch den 2000 Quadratmetern der Grande Salle wurde nichts abgezwackt. Hier wird weiter ganz großes Kino geboten.

METRO 8, 9 RICHELIEU-DROUOT

Unter dem Hammer

HÔTEL DROUOT
RUE DROUOT 9
WWW.DROUOT.COM
MO - SA 11-18 UHR, DO BIS 20 UHR

Darf es ein Oldtimer sein? Eine Louis-XVI-Kommode oder eine Uniformjacke aus dem Ersten Weltkrieg? Ein Roter Château Mouton Rothschild aus dem Jahr 1993? Oder doch lieber ein Akkordeon, ein Picasso, ein Siegel des chinesischen Kaisers Qianlong, eine ausrangierte Schaufensterpuppe, eine Holzmaske aus Gabun oder Originalzeichnungen Uderzos für den Band *Asterix als Gladiator*? Das alles und unendlich viel mehr kam und kommt im ältesten öffentlichen Auktionshaus der Welt unter den Hammer: bei Drouot in Paris.

Der hässliche Neubau aus den siebziger Jahren sollte nicht davor abschrecken, dieses Wun-

derreich des Ramschs und der Raritäten, des Trödels und der Preziosen zu betreten. Auf 10 000 Quadratmetern werden in 16 Versteigerungssälen Hunderttausende Objekte pro Jahr verkauft, Möbel und Juwelen, Filmplakate, Gemälde, Schmuck, Briefmarken, Bücher, Kleidung. Wie ein riesiges Schöpfrad hebt Drouot die Schätze aus den Nachlässen der Toten empor, um sie auf die Lebenden herabrieseln zu lassen.

Tausende Besucher kommen täglich. Kunstexperten und Auktionatoren, Sammler, Tandler, Neugierige. Sie streifen am Morgen durch die Ausstellungsräume mit den plüschroten Wänden, um zu beäugen und zu schätzen, was am Nachmittag versteigert wird. Dann versammelt sich eine fiebrig-erregte Menge in den Versteigerungssälen, während vorne die Lose vorgestellt werden und ein Crieur die Gebote ausruft. 800 Euro für eine westfranzösische Goldmünze aus dem Jahr 1566? Hier ein Zucken mit den Augenbrauen, dort ein Wink. Das Gebot steigt auf 1100 Euro. Schließlich ruft der Auktionator: »Une fois, deux fois, trois fois, adjugé«, und lässt sein Hämmerchen aus Elfenbein herabsausen. Der Vertrag ist geschlossen, das nächste Los kommt zum Aufruf. Jedermann kann sich dieses Schauspiel ansehen und zwischen den Sälen hin- und herwechseln, auch wenn er selbst nicht mitbieten will. Danach locken die Brasserien der Umgebung, in denen die Akteure des Drouots schon zur Mittagszeit ihre Geschäfte bei einem Glas Roten begießen.

METRO 3 STATION SENTIER

Die grüne Wand

L'OASIS D'ABOUKIR
RUE D'ABOUKIR 83

TIPP

INFORMATIONEN ZU WEITEREN GRÜNEN WÄNDEN VON PATRICK BLANC IN PARIS UNTER: WWW.VERTICALGARDENPATRICKBLANC.COM/REALISATIONS/EUROPE/PARIS

Am Anfang war das Wort, genauer gesagt ein Artikel in einer deutschen Aquarien-Zeitschrift. Patrick Blanc übersetzte ihn mit Hilfe eines Wörterbuches. So erfuhr er, dass er mit den Wurzeln eines Philodendrons das Wasser seines Aquariums reinigen konnte. Er schnitt im Garten seiner Mutter einige Triebe vom Philodendron ab, tat sie ins Aquarium und beobachtete fasziniert, wie sie Wurzeln entwickelten. Dadurch lernte er: Pflanzen brauchen weder Erde noch menschliche Pflege, um zu wachsen. Es genügen Wasser und Licht.

Der Schüler lebte damals in einer Pariser Wohnung und sehnte sich nach Grün. Denn Paris ist, bei allen Vorzügen, eine beson-

ders steinige, unglaublich dicht bevölkerte Stadt. Patrick Blancs Sehnsucht galt den urwüchsigen Regenwäldern. Er studierte Botanik, bereiste die tropischen Länder, wurde Regenwald-Forscher. Quasi nebenbei entwickelte er, zunächst am eigenen Haus, sein Konzept der grünen Wände, das ihn bekannt gemacht hat.

Wer aus der Metrostation Sentier ans Tageslicht tritt und hochläuft zur Rue d'Aboukir, benannt nach einer Schlacht Napoleons in Ägypten, der kann schon einen Schrecken bekommen: Eine grüne Kaskade scheint da dem Passanten entgegenzuschäumen, ein Stück Amazonas, das mitten in die Stadt eingebrochen ist. Eine 25 Meter hohe und 250 Quadratmeter große Hauswand ist über und über mit einem grünen Pelz bedeckt. Man sieht, wie die Natur sich hier im steinernen Herzen von Paris behauptet und kann sich daran erfreuen wie ein Kind. 7600 Pflanzen von mehr als 200 verschiedenen Arten hat Patrick Blanc 2013 mit Hilfe von Leichtmetallgerüsten, Bewässerungsrohren, Hartschaumplatten und Filz aus Acryl in diesen hängenden Garten gepflanzt. Gräser, Efeu, Zwergkoniferen, Farne, Büsche. Sie haben sich prächtig entwickelt, reinigen wie ein Filter die Stadtluft von Feinstaub und Kohlendioxyd, spenden Feuchtigkeit und Frische. Deshalb fördert Paris die Anlage solcher botanischen Mauern.

In der Stadt lassen sich heute etliche von Patrick Blancs vertikalen Gärten bewundern, zum Beispiel am Musée du Quai Branly, beim Eiffelturm oder am Kaufhaus Les Quatre Temps im Geschäftsviertel La Défense. Daneben hat der Botaniker und Biokünstler in der ganzen Welt seine Projekte entwickelt, in Kuala Lumpur, Bahrain, Miami oder Berlin. Sie alle künden von Patrick Blancs Motto: »Das Leben ist die Kunst sich anzupassen.«

42

METRO 4, 8, 9 STATION STRASBOURG-SAINT-DENIS

Augenschmaus und Gaumenfreuden

BRASSERIE BOUILLON JULIEN
RUE DU FAUBOURG SAINT-DENIS 16

TGL. 11.45-24 UHR

BRASSERIE LA COUPOLE
BOULEVARD DU MONTPARNASSE 102
WWW.LACOUPOLE-PARIS.COM/FR

BRASSERIE MOLLARD
RUE SAINT-LAZARE 115
WWW.MOLLARD.FR

TIPPS

WEITERE BERÜHMTE UND BESUCHENSWERTE BRASSERIEN:
BRASSERIE BOFINGER
RUE DE LA BASTILLE 5-7
WWW.BOFINGERPARIS.COM/FR

BRASSERIE LIPP
BOULEVARD SAINT-GERMAIN 151
WWW.BRASSERIELIPP.FR

Über die Rue du Faubourg Saint-Denis mit ihrer Geschichte und ihren Geschichten ließe sich ein ganzes Buch schreiben. Auf der Straße, die einst die Hauptstadt mit der Kathedrale von Saint-Denis verband, zogen früher die Könige in Paris ein. Später war sie die Achse eines Kleine-Leute- und Einwanderer-Viertels. Juden aus Osteuropa zogen hierher

und dann, Ende des 20. Jahrhunderts, Pakistaner, Inder, Tamilen, Türken, Afrikaner. Seit einigen Jahren haben die *bobos* – die Bourgeois-Bohemiens – die Straße und das Viertel entdeckt, es gilt als trendig, hier zu leben oder abends auf den Café-Terrassen einen Apéro zu schlürfen.

Kurzum: Die Rue du Faubourg Saint-Denis, die das bürgerliche Zentrum mit den einfachen nördlichen Vororten verbindet, ist ein kosmopolitischer Laufsteg. Hier im Gewusel, zwischen afrikanischen Friseuren, türkischen Obsthändlern, syrischen Lokalen, pakistanischen Cafés und französischen Feinkostläden, ist ein Juwel des Jugendstils versteckt – die Brasserie Bouillon Julien.

Wer eintritt, wird von einer anderen Zeit verschluckt. Vom Paris des beginnenden 20. Jahrhunderts. Gedämpft fällt das Tageslicht durch die Buntglasfenster an den Decken herein, Wandspiegel verlängern die Säle ins Imaginäre und multiplizieren die Laternen, die Vasen mit Palmen, die elegant gedeckten Tische und die Kellner in weißen Hemden, mit schwarzen Krawatten und Gilets. Vier Nymphen, gemalt auf Pâte de verre, repräsentieren die Jahreszeiten, während der Fliesenboden mit seinen Akelei- und Margeritenblüten den ewigen Frühling symbolisiert.

Das Auge hat reichlich mitzuessen in diesem für Pariser Verhältnisse preisgünstigen Restaurant, das die herzhafte Brasserie-Küche widerspiegelt, die auf die elsässische und lothringische Hausmannskost zurückgeht. Natürlich gibt es hier Sauerkraut, Würste, Kalbskopf und Schweinshaxen zum frisch gezapften Bier; aber auch Burgunderschnecken oder Riesengarnelen an Knoblauch, Petersilie und mit Basmatireis, wozu ein schön kalt servierter Muscadet passt. Danach vielleicht ein Baba au Rhum mit gezuckerter Schlagsahne? Oder Meringue mit Kastaniencreme? Dann geht es wieder hinaus ins wilde, bunte und laute Paris des 21. Jahrhunderts.

Im Wilden Osten

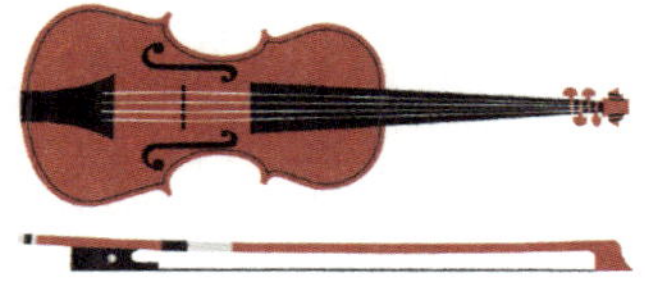

43

METRO 8 STATION FILLES DU CALVAIRE ODER METRO 5, 9 STATION OBERKAMPF

Cirque d'Hiver

CIRQUE D'HIVER BOUGLIONE
RUE AMELOT 110
WWW.CIRQUEDHIVER.COM
EINTRITTSKARTEN ONLINE
ÜBER DIE WEBSITE

TIPP

EIN ORIGINELLES RESTAURANT IST
DIE HISTORISCHE CLOWN-BAR
RUE AMELOT 114
MO, FR, SA, SO 12.30-14 UND 19-23 UHR;
DI, MI, DO 19-23 UHR

Städtereisen *en famille* sind nicht zwangsläufig ein Vergnügen, da die Wünsche von Eltern und Kindern bisweilen auseinandergehen. Gerade Paris aber bietet einiges, das den Familienfrieden retten kann: ein Nachmittag im Jardin du Luxembourg, eine Fahrt auf den Eiffelturm oder die Terrasse einer Brasserie, wo es Schnitzel mit Pommes ebenso wie Austern gibt. Und dann wäre da der Cirque d'Hiver, der Winterzirkus, dessen Besuch selbst überzeugte Zirkusmuffel begeistern dürfte.

Das liegt auch am Programm der Familie Bouglione, die den angeblich ältesten, sicherlich aber schönsten noch genutzten festen Zirkusbau der Welt seit 1935

besitzt. Gewiss: Auch die Bougliones mixen ihr Spektakel aus drallen Tänzerinnen, tollkühnen Artisten, Clowns, Akrobaten, Pferden, Papageien und sonstigen schrägen Vögeln zusammen, genauso wie die Konkurrenz. Doch sie schaffen es, Kunst und Können mit jener Magie zu würzen, die auch Erwachsenenaugen leuchten lässt. Ihr Zirkus ist bis heute der Verwandlungskünstler, den Henry Miller einmal so beschrieben hat: »Er erlaubt es uns, für kurze Zeit, nicht mehr an uns zu denken und uns aufzulösen in der Freude und im Glück.«

Und doch würde die Show der Familie Bouglione womöglich nicht reichen, die Metamorphose auszulösen, wenn da nicht noch dieser Zirkusbau wäre, den Kaiser Napoleon III. 1852 eröffnet hat. Wie das Prunkzelt eines Märchenfürsten leuchtet der zwanzigeckige Cirque d'Hiver mit seinen Halbsäulen, Reliefs und Sprossenfenstern aus den Pariser Nächten. Zwei Reiterstatuen – Amazone zur Linken, Krieger zur Rechten – bewachen den Eingang. Das Innere hält, was das Äußere verspricht. Glaslüster tauchen den Zirkussaal in ein magisch changierendes Rot und Blau. Dann erlöschen die Lichter, die Kapelle spielt auf, und Groß und Klein merken, dass es doch eine gute Idee war, gemeinsam auf Städtereise zu gehen.

METRO 5, 9 STATION OBERKAMPF

»Wir vergessen sie nicht!«

BATACLAN
BOULEVARD VOLTAIRE 56
INFOS, PROGRAMM UND KARTENVORBESTELLUNG:
WWW.BATACLAN.FR/FR

Orientalisch-verspielt und bunt wie ein Revue-Theater blickt die Fassade des Bataclan auf den Boulevard Voltaire. Längst werden hier wieder Konzerte gegeben, wird wieder getanzt und gefeiert. Nur eine Marmortafel an der Wand neben dem Eingang weist noch darauf hin, was an jenem Herbstabend des Jahres 2015 geschah. »Im Gedenken an die Opfer, die hier am 13. November 2015 ermordet und verletzt wurden«, steht darauf. Und in dem kleinen Park gegenüber ist auf einer Stele ebenfalls eine Marmortafel angebracht, auf die die Namen aller Ermordeten geschrieben sind.

An jenem Abend spielt die Rock-Band Eagles Of Death Metal vor

1500 Menschen in dem legendären, 160 Jahre alten Konzertsaal im 11. Arrondissement. Gegen Viertel vor zehn Uhr fahren draußen drei Männer in einem schwarzen Polo vor. Sie schießen mehrere Menschen auf der Straße nieder, dringen ins Bataclan ein, schreien »Allahu akbar« und feuern Schuss um Schuss auf die Gäste. 91 Menschen sterben, viele weitere werden verletzt. Erst nach Mitternacht gelingt es Spezialkräften, das Konzerthaus zu stürmen und die Terroristen zu töten. Der verheerendste Anschlag in einer Reihe islamistischer Terrorakte an diesem Abend ist vorbei. Seither hat der Name »Bataclan«, der für Feierfreuden stand, einen anderen, düsteren Klang.

Doch Paris wäre nicht Paris, wenn es dem Terror nicht auf seine Weise trotzte: Am Morgen nach der Blutnacht stellt ein junger Pianist seinen schwarzen Flügel auf das Trottoir vor dem Bataclan und spielt *Imagine* – John Lennons Hymne an den Frieden. Ein Jahr später, am 12. November 2016, öffnet das Bataclan wieder, mit einem Benefizkonzert des britischen Rockmusikers Sting. »Nous ne les oublions pas!«, sagt Sting auf Französisch über die Opfer. »Wir vergessen sie nicht!«

45

METRO 6 STATION NATIONALE

Marianne weint

EIN SPAZIERGANG ZU DEN BEKANNTESTEN KUNSTWERKEN DES 13. ARRONDISSEMENTS FINDET SICH HIER: PARISJETAIME.COM/GER/ARTIKEL/STREET-ART-SPAZIERGANG-DURCH-DAS-13-ARRONDISSEMENT-A776

DIE GALERIE ITINERRANCE IM SELBEN VIERTEL ZEIGT AUSSTELLUNGEN ZUR STRASSENKUNST.
BOULEVARD DU GÉNÉRAL JEAN SIMON 24BIS
ITINERRANCE.FR

GLEICH NEBENAN LIEGT DIE KUNSTGALERIE UND -BUCHHANDLUNG LE LAVOMATIK, DIE AUF STREET-ART SPEZIALISIERT IST.
BOULEVARD DU GÉNÉRAL JEAN SIMON 20
LELAVOMATIK.COM
DI 12-16 UHR; MI - SA 12-19 UHR

Die Pariser Metro ist meist eine U-Bahn, aber keineswegs immer. So verläuft die Linie 6, die vom Arc de Triomphe aus einen Halbkreis durch den Süden der Stadt vollzieht, größtenteils oberirdisch auf Viadukten sowie auf Brücken über die Seine. Den Fahrgästen verhilft dies zu einer Stadtrundfahrt mit prächtigen Ausblicken auf die Straßenschluchten und Dachlandschaften der Metropole sowie auf Sehenswürdigkeiten wie den Eiffelturm.
Kurz vor der Einfahrt in die Station Nationale fällt der Blick auf ein riesiges Bild an der Wand eines Hochhauses. Es ist in den Nationalfarben Blau, Weiß und Rot gehalten und zeigt das Ge-

sicht einer jungen Frau. Liberte – Egalite – Fraternite steht (ohne Accents) in großen Buchstaben um das Porträt herum. Die junge Frau ist augenscheinlich Marianne, die Nationalfigur, die bildhaft für Frankreich steht. Doch warum tropft eine blaue Träne aus ihrem rechten Auge?

Es lohnt sich, an der Station Nationale auszusteigen, um hier, im Industrie- und Hochhausviertel des 13. Arrondissements, einen Eindruck von der Pariser Street Art zu bekommen. Die Tradition, die nackten Betonwände dieser Gegend mit Kunst zu überziehen, geht bis in die 1960er Jahre zurück. Heute schmücken die Hochhäuser am Boulevard Vincent Auriol, an der Rue Jeanne d'Arc und den umliegenden Straßen Dutzende riesige Fresken von international bekannten Künstlern. Die inhaltliche Spannbreite ist dabei groß.

So huldigt die aus Barcelona stammende Künstlerin BToy der Amerikanerin Evelyn Nesbit, einem skandalumwitterten US-amerikanischen Model und Showgirl. Der Chilene Inti porträtiert eine skeptische, der Naturwissenschaft zuneigende Madonna mit Halskette aus Totenköpfen. Das New Yorker Street-Art-Duo Faile zeigt eine Tänzerin, die über Manhattan

in den Himmel fliegt. Auch von Cartoons beeinflusste Fresken und rein dekorative Gemälde sind zu sehen.

Aber was hat es nun mit der weinenden Marianne auf sich? Der amerikanische Künstler Shepard Fairey alias Obey hat dieses größte existierende Bild der französischen Nationalfigur der Stadt geschenkt. So drückte er nach den islamistischen Anschlägen vom 13. November 2015 seine Solidarität mit Paris aus. Die blaue Träne symbolisiert die Trauer über die Opfer. Der französische Präsident Emmanuel Macron hat eine Kopie der weinenden Marianne in den Élysée-Palast hängen lassen.

46

METRO 6 STATION QUAI DE LA GARE

Die Dame aus Canton

LA DAME DE CANTON
PORT DE LA GARE
WWW.DAMEDECANTON.COM
RESTAURANT UND BAR AN BORD
DI - SA 19-24 UHR
SOMMERTERRASSE
TGL. 12-2 UHR
WEITERE PARTY-, KONZERT-
UND RESTAURANT-SCHIFFE:
LE BATEAU PHARE
PORT DE LA GARE 3
WWW.LEBATEAUPHARE.PARIS

PETIT BAIN
PORT DE LA GARE 7
PETITBAIN.ORG

PÉNICHE MARCOUNET
QUAI DE L'HÔTEL DE VILLE
WWW.PENICHE-MARCOUNET.FR

Was macht eine chinesische Dschunke in Paris? Ende der 1970er Jahre ließen zwei Franzosen das Boot in einer Werft von Kanton nach Plänen aus dem 17. Jahrhundert bauen. Sie tauften es *La Dame de Canton*. Nachdem die Dschunke die Welt umsegelt und Dutzende Länder besucht hatte, ging sie auf der Seine im Osten von Paris vor Anker, am Quai de la Gare unterhalb der Nationalbibliothek. Hier hat sich inzwischen eine Party-Zone entwickelt, mit Club- und Konzertschiffen wie dem *Bateau Phare* oder dem *Petit Bain*, so dass sich die *Dame aus Canton* nicht alleine fühlen muss. Von Ruhestand kann in ihrem Fall keine Rede sein. Die Dschunke beherbergt

in ihrem Bauch ein Lokal, und an Deck eine Bar und einen Raum zum Tanzen, Feiern und Live-Musik-Hören.

Das Essen ist in Ordnung, und manchmal darüber hinaus, französische Küche mit exotischer Note, doch deswegen muss man nicht unbedingt hierherkommen. Das Besondere sind die Konzerte, rund 300 im Jahr, mit einem weiten Spektrum, das von Chansons über Jazz, Rock und Pop bis hin zu Thai-Funk reicht. Junge französische Talente, die etwas ausprobieren wollen, treten hier auf und Artisten, die es schon zu etwas gebracht haben. Das Publikum ist eher jung, die Atmosphäre lässig, das Paris der Hochkultur weit weg.

Draußen auf dem Quai gibt es im Sommer viele Bars und Restaurants, in denen die Pariser die Nacht an der Seine genießen. Lichter vorbeifahrender Boote setzen den dunklen Wellen silbrige Tollen auf. Drinnen in der *Dame de Canton* verschwimmt die Zeit ins Ungefähre. Eine junge Französin singt mit träumerischer Stimme: »Tourne autour de moi.«

47

METRO 5 STATION PORTE DE PANTIN

Die tönerne Brücke

PHILHARMONIE DE PARIS
AVENUE JEAN JAURÈS 221
INFORMATIONEN UND KARTENVORVERKAUF
ONLINE UNTER:
PHILHARMONIEDEPARIS.FR/FR

TIPP

DIE PHILHARMONIE IST TEIL DER CITÉ DE LA MUSIQUE, DIE AM RAND DES PARC DE LA VILLETTE LIEGT. DER PARK BIETET ETLICHE SEHENSWÜRDIGKEITEN, KULTURVERANSTALTUNGEN UND VERGNÜGUNGSLOKALE. EINEN ÜBERBLICK BIETET: LAVILLETTE.COM/PLAN-DU-PARC?VIEW=OVERALL

Zum Werte-Dreiklang Frankreichs gehört seit der Revolution von 1789 neben der *liberté* und der *fraternité* die *égalité*, die Gleichheit der Bürger. In der Praxis sind nicht nur die Lebensverhältnisse der Franzosen ziemlich ungleich, sondern auch die Chancen, diese zu verbessern. Wer im feinen 16. Arrondissement der Stadt aufwächst und zur Schule geht, hat es in der Regel deutlich leichter als ein Kind aus einer Sozialsiedlung im nahen Problem-Departement Seine-Saint-Denis.

Ausgerechnet ein für klassische Musik erbauter, 380 Millionen teurer Konzertsaal soll nun eine Brücke bauen zwischen der Pariser Innenstadt und der Banlieue.

Eine Brücke aus Tönen. Deswegen wurde die Philharmonie im Parc de la Villette im Nordosten der Stadt errichtet, in unmittelbarer Nähe der Ringautobahn, die Paris von seinen Vorstädten trennt. So hofften die Planer, neues, junges Publikum in Kontakt mit klassischer Musik zu bringen und auch arme Franzosen aus Einwandererfamilien anzuziehen.

Der Plan scheint, zumindest teilweise, aufzugehen. Schon von außen ist der 37 Meter hohe Bau eine Show, die Besucher anlockt und neugierig macht. Wie ein Silberberg glitzert die 2015 eingeweihte Philharmonie des Architekten Jean Nouvel aus dem Grün des Parks heraus. 340 000 graue, elfenbein-, creme- und perlfarbene Vögel aus Aluminiumguss bedecken die Außenhaut, um die Illusion eines auffliegenden Schwarms zu erzeugen. Herzstück des Inneren ist die Grande Salle, der Hauptkonzertsaal, der bis zu 2400 Menschen fassen kann. Das Orchester ist, anders als bei den meisten Konzerthäusern, in der Mitte angesiedelt. Von dort aus steigen, wie in einem Amphitheater, die Zuschauerränge auf. Wellenförmige Ränge und wolkenförmige Akustiksegel versetzen den Raum auch optisch in Schwingung. Die Akustik ist phänomenal, zumal Musiker oder Sänger von praktisch allen Plätzen gleich gut zu hören sind. Kein Zuschauer sitzt weiter als 32 Meter vom Dirigenten entfernt. Das schafft Unmittelbarkeit und unterstützt das Konzept der *égalité*.

Und noch etwas hat sich das Konzerthaus einfallen lassen, um eine Brücke zwischen Hoch- und Populärkultur zu bauen: Nur ein Teil der Aufführungen sind klassischer Musik gewidmet. Daneben werden Jazz, Hip-Hop, Elektro-Pop oder Weltmusik geboten, sei es in der Grande Salle oder in einem der anderen Konzertsäle der Umgebung, die eine Musikstadt bilden. Auch dieser breite Ansatz dient der Öffnung zur Banlieue. Der Hintergedanke: Wer einmal in die Philharmonie kam, um ein Rockkonzert zu hören, in dem wächst vielleicht die Neugier, auch einmal einer klassischen Symphonie zu lauschen.

Der Westen

METRO 9 STATION JASMIN

Schlicht und gut

»La Roche, wenn man so eine schöne Kunstsammlung wie Sie hat, muss man sich ein Haus bauen lassen, das ihrer würdig ist«, mahnte der Architekt Le Corbusier den Bankier, Mäzen und Kunstsammler Raoul Albert La Roche. Dieser zeigte sich aufgeschlossen. So konnten Le Corbusier und sein Cousin Pierre Jeanneret 1923 bis 1925 in einer Sackgasse des 16. Arrondissements ihre revolutionären Ideen verwirklichen. Hierzu gehörte ein klarer, kühler, auf Schnörkel und sonstige Verzierungen verzichtender Stil. Die Bauform sollte sich an der Funktionalität von Maschinen orientieren. »Das Haus ist eine Maschine zum Wohnen«, befand Le Corbusier.

FONDATION LE CORBUSIER /
MAISON LA ROCHE
SQUARE DU DR BLANCHE 10
(EINGANG BEI HAUSNUMMER 55)
WWW.FONDATIONLECORBUSIER.FR / VISITE /
MAISON-LA-ROCHE-PARIS
DI – SA 10-18 UHR

Wer durch das 16. Arrondissement mit seinen opulenten Bauten aus der Haussmann-Zeit und der Belle Époque schlendert, kann ermessen, wie provokant Le Corbusiers mönchische Strenge und Sachlichkeit damals waren. Ganz versteckt, am Ende des Square du Dr Blanche, liegt sein Maison La Roche, das heute der privaten Fondation Le Corbusier gehört und als Museum dient. An Werktagen kann der Besucher den lichten, formenstrengen Bau aus Beton, Stahl und Glas manchmal ganz allein durchstreifen.

Eine hohe Eingangshalle, auf die sich die oberen Stockwerke öffnen, Treppen, Rampe, Steg, Galerie und Dachgarten verführen dazu, sich die Architektur des Hauses zu erwandern und immer wieder neue Perspektiven zu entdecken. Die direkte und indirekte Beleuchtung durch das Tageslicht sowie die verschiedenen Farben der Wände lassen das Haus, bei aller Schlichtheit, ungemein abwechslungsreich erscheinen. In der Maison La Roche hat Le Corbusier (1887–1965) erstmals die »Fünf Punkte zu einer neuen Architektur« verwirklicht, die er mit seinem Cousin entwickelt hatte. Hierzu gehören Betonstützen anstelle von tragenden Mauern, begehbare Flachdächer und eine freie Grundrissgestaltung.

»Wir bilden uns eine eigene Formensprache und eine eigene Ästhetik«, hat Le Corbusier gesagt. Daraus eröffneten sich »neue Schönheiten«. In der Maison La Roche hat der Avantgarde-Architekt dieses Versprechen eingelöst.

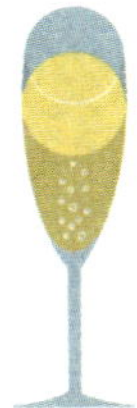

49

METRO 9 STATION LA MUETTE ODER RER C GARE D'AVENUE DU PRÉSIDENT KENNEDY

Besuch bei Balzac

Da steht sie, die Kaffeekanne Balzacs, aus der der Treibstoff kam, um eine ganze Welt zu schaffen. Ein rot-weißes Porzellankännchen auf einem Stövchen gleichen Materials. Bis zu 50 Tassen Kaffee hat der Schriftsteller täglich – und vor allem nächtlich – getrunken, um in diesem bescheidenen Häuschen in Passy an seinem Jahrhundertwerk zu arbeiten: *La Comédie humaine, Die Menschliche Komödie.*

Um über Jahre hin bis zu 17 Stunden täglich am Schreibtisch durchzuhalten, war nicht jeder Treibstoff gut genug. Honoré de Balzac durchkämmte Paris auf der Suche nach den besten Kaffeesorten und mischte sie selbst, um daraus über Stun-

MAISON DE BALZAC
RUE RAYNOUARD 47
WWW.MAISONDEBALZAC.PARIS.FR
TGL. (AUSSER MO) 10-18 UHR

TIPP

IM NEU GESTALTETEN GARTEN DES BALZAC-MUSEUMS HAT DAS CAFÉ ROSE BAKERY MIT TEESALON UND TERRASSE AUFGEMACHT. HIER KANN MAN SICH BEI TEE, KAFFEE ODER SCHOKOLADE UND EINEM IMBISS DEM WERK DES SCHRIFTSTELLERS WIDMEN, DAS DAS CAFÉ SEINEN GÄSTEN ZUR VERFÜGUNG STELLT.

den eine Art Mokka zu brauen. Dessen Wirkung beschrieb er so: »Der Kaffee fließt in Ihren Magen ... Und dann kommt alles in Bewegung: Die Ideen stürmen los, wie die Bataillone der Großen Armee auf dem Schlachtfeld. Und die Schlacht beginnt.«
Balzacs Schlachtfeld ist ein Holzschreibtisch mit gerade so viel Platz, um ein paar Blätter Papier, Tintenfass und Feder abzulegen. Heute schützt ihn eine Glasplatte, darunter sind zwei gedruckte Manuskriptseiten der *Menschlichen Komödie* zu sehen, übersät mit handschriftlichen Korrekturen, Streichungen und Ergänzungen des Meisters. Der Raum ist düster wie eine Grabkammer, die dunkle Decke und die Tapeten in der Farbe eines schweren Cabernet verschlucken das Licht. Man vermeint den kleinen, schweren Mann in seiner Mönchskutte, die er beim Schreiben trug, über die Dielen gehen zu sehen, um sich ächzend in den Sessel mit der hohen Lehne zu hieven und sein Werk fortzusetzen.
Das Museum Maison de Balzac befindet sich in einem in den Hang gebauten Häuschen. Als Balzac sich 1840 – da war er 41 Jahre alt und schon ein berühmter Mann – unter einem Pseudonym einmietete, war Passy noch ein eigenständiger Ort mit günstigen Wohnungen. Der Romancier war, mal wieder, auf der Flucht vor seinen Gläubigern. Denn sein aufwendiger Lebensstil mit zahlreichen Geliebten und vielen Reisen fraß alle Tantiemen auf. Das Häuschen hatte den Vorteil, über zwei Eingänge zu verfügen. Der obere führte durch den noch erhaltenen Garten in Balzacs Wohnung, der untere öffnete sich zwei Stockwerke tiefer auf eine andere Straße hinaus. So konnte der Romancier, wenn der Gerichtsvollzieher oben hereinkam, unten entschlüpfen.
Die Maison de Balzac mit ihren Möbeln, Büsten, Manuskripten und Bildern hat die Atmosphäre jener sieben Jahre bewahrt, in denen der obsessive Arbeiter

und Lebemann hier wohnte. Im Unterschied zu vielen heutigen Museen, die auf Hochglanz getrimmt sind und den Besucher bisweilen mit aufdringlicher Didaktik erschlagen, hat dieses auch nach der Restaurierung im Jahr 2018 eine rührende Natürlichkeit bewahrt. Balzac hat hier einen Großteil seiner *Menschlichen Komödie* erschaffen, dieses umfassenden Sittengemäldes des Frankreichs seiner Zeit. Als er 1850, überanstrengt und von allzu viel Kaffee ruiniert, starb, war die *Comédie humaine* zwar noch nicht fertig, aber immerhin 90 Romane und Erzählungen stark.

Bei der Beerdigung auf dem Friedhof Père Lachaise sagte sein Freund Victor Hugo: »Der Name Balzac wird eingehen in die leuchtende Spur, die von unserer Epoche einmal in der Zukunft künden wird.« Er sollte recht behalten.

50

METRO 6, 9 STATION TROCADÉRO

Cherchez la femme

TIPPS

EIN PAAR MINUTEN ZU FUSS VOM TROCADÉRO ENTFERNT LIEGT DAS AUSGEZEICHNETE MUSÉE GUIMET MIT EINER DER WELTWEIT BESTEN SAMMLUNGEN ASIATISCHER KUNST.
PLACE D'IÉNA 6
WWW.GUIMET.FR/FR

ALLE INFORMATIONEN ZUR BESICHTIGUNG UND BESTEIGUNG DES EIFFELTURMS UNTER: WWW.TOUREIFFEL.PARIS/DE/DIE-BESICHTIGUNG-GUT-VORBEREITEN
UM LANGES ANSTEHEN AN DEN KASSEN ZU VERMEIDEN, SOLLTEN DIE TICKETS DRINGEND VORAB ONLINE GEKAUFT WERDEN.

Böse Zungen behaupten, der schönste Ort von Paris sei die Plattform oben auf dem Eiffelturm, weil es die einzige Stelle der Stadt sei, von der aus man den Eiffelturm nicht sehe. Tatsächlich war das heutige Wahrzeichen der Stadt sehr umstritten, als es von dem Ingenieur Gustave Eiffel für die Weltausstellung 1889 errichtet wurde. Hunderte Künstler und Schriftsteller protestierten gegen den »nutzlosen und monströsen« Metallturm, der Paris mit seiner »barbarischen Masse« wie ein »schwarzer, gigantischer Fabrikschornstein« beherrsche. Zudem sollte die *Dame de fer,* die eiserne Dame, wie der Eiffelturm heute liebevoll genannt wird,

nach 20 Jahren wieder abgerissen werden.
Zum Glück kam es anders, auch weil das Militär den 325 Meter hohen Bau aus Eisenfachwerk vor und im Ersten Weltkrieg als Telekommunikationszentrum brauchte; und weil sich im Zweiten Weltkrieg der deutsche Stadtkommandant Dietrich von Choltitz im August 1944 weigerte, Adolf Hitlers Befehl zu befolgen, Paris dem Erdboden gleichzumachen. Heute besuchen jährlich sieben Millionen Menschen den Eiffelturm, und die Touristen suchen nach den besten Stellen, um ihn betrachten und fotografieren zu können.
Der schönste Belvedere ist dafür die Esplanade des Trocadéro, eine Aussichtsplattform auf dem Chaillot-Hügel. Kein Wunder, dass hier die Medaillengewinner der Olympischen Spiele im Sommer 2024 gefeiert werden sollen. Auch das Abschlussfest der Spiele soll in den Anlagen des Trocadéro steigen. Von der Esplanade aus fliegt der Blick über die Jardins du Trocadéro mit ihren Treppen, Terrassen und Wasserspielen hinweg zum Turm hinüber. Hier trifft sich die ganze Welt zum Fotoshooting, während afrikanische Händler Unmassen kleiner Eiffeltürme als Souvenirs verkaufen. Am schönsten ist es abends, wenn sich der Himmel eindunkelt, während die Stadt aufleuchtet. Die Eiserne Dame selbst wird dann von 20 000 Lampen angestrahlt. Zu jeder vollen Stunde hat sie zudem – im Winter bis ein, im Sommer bis zwei Uhr nachts – einen besonderen Auftritt: Dann beginnt sie fünf Minuten lang von Kopf bis Fuß zu glitzern, als trage sie ein Paillettenkleid.

51

METRO 9 STATION IÉNA ODER ALMA-MARCEAU

Haute Couture für alle

An einem geheimen Ort der Stadt ist in staubdichten Metallschränken ein Schatz verwahrt. Es ist ein Schatz der ganz besonderen Art. Gold und Edelsteine sind nur sein Beiwerk. Das Wesentliche sind 30 000 Kleider, 5000 Stück Unterwäsche und Zehntausende Accessoires wie Gürtel, Stolen, Halstücher und Schärpen. Sie stammen aus den vergangenen drei Jahrhunderten und bilden den Fundus des Modemuseums Palais Galliera.

Viele Teile des Schatzes sind so empfindlich, dass sie nicht in der Dauerausstellung gezeigt werden können. Doch auch die Wechselausstellungen, die in dem Ende des 19. Jahrhunderts im Palladio-Stil gebauten Schlösschen

PALAIS GALLIERA
AVENUE PIERRE 1ER DE SERBIE 10
PALAISGALLIERA.PARIS.FR
TGL. (AUSSER MO) 10-18 UHR,
DO BIS 21 UHR

präsentiert werden, geben eine Vorstellung davon, welche Kraft, Anmut und Verführungskunst die Mode in Paris entfaltet hat.
In den halbdunklen, mit Parkett und Mosaikböden ausgelegten Sälen wird mal – als Hommage an die Olympischen Spiele – »Mode in Bewegung«, also bei Sport und Spiel, präsentiert; mal »spanische Kleider zwischen Schatten und Licht«, die Haute Couture der fünfziger Jahre oder die Kleidung der Comtesse Greffulhe, deren Schönheit und Eleganz Marcel Proust inspiriert hat. All diese Kleider wurden von genialen Createuren entworfen – und von nicht weniger genialen *petites mains*, Näherinnen, Seidenstickerinnen, Kürschnern oder Federschmuckmachern, ausgeführt.
Bis heute behauptet Paris seinen Rang als Welthauptstadt der Mode. Zwei Dutzend Haute-Couture-Häuser wirken hier, darunter die traditionellen Rivalen Dior und Chanel oder neuere Marken wie die des Libanesen Elie Saab. Der Preis für ein Haute-Couture-Kleid beträgt leicht ein paar Zehntausend Euro. Und nach oben gibt es keine Grenzen.
Der Modehistoriker und -kurator Olivier Saillard, der lange den Palais Galliera geleitet hat, glaubt, gerade in Krisenzeiten träumten die Menschen von Schönheit und Perfektion, wie sie die Kleider von Coco Chanel, Cristobál Balenciaga, Elsa Schiaparelli, Christian Dior, Pierre Cardin, Christian Lacroix, Karl Lagerfeld oder John Galliano verkörpern. Natürlich werde diese Haute Couture nie demokratisch sein. Sie bleibe den ganz Reichen vorbehalten. Aber das Publikum könne sie zumindest betrachten und sich daran erfreuen. »Bei den Gemälden, die im Louvre hängen, ist das ja auch nicht anders.«

52

METRO 8 STATION ÉCOLE MILITAIRE ODER METRO 9 ALMA-MARCEAU

Erotik mit Stil

IMMEUBLE LAVIROTTE
AVENUE RAPP 29

TIPP

ZAHLREICHE JUGENDSTILHÄUSER SIND IM 16. ARRONDISSEMENT ZU SEHEN. ZUM BEISPIEL:

CASTEL BÉRANGER
RUE JEAN DE LA FONTAINE 14

HÔTEL GUIMARD
AVENUE MOZART 122

IMMEUBLE LES CHARDONS
RUE EUGÈNE MANUEL 2

Aus den einheitlichen Wohnhäusern der Avenue Rapp sticht ein Gebäude hervor, das aussieht wie ein Traumgebilde. Die ganze asymmetrisch gestaltete Fassade ist überkrustet mit Säulen, Balkonen, gusseisernen Pflanzen, Keramikköpfen und Steinskulpturen, die sich zu einem großen Gewimmel vereinen. Connaisseurs vermeinen da, allerlei sexuelle Symbole zu erkennen, zum Beispiel den Griff der Eingangstür in Form einer Eidechse, die damals, als das Haus entstand, im Pariser Jargon einen Phallus bezeichnete.
Wie auch immer – das Immeuble Lavirotte gehört zu den außergewöhnlichsten Wohnhäusern der Stadt. Errichtet wur-

de es 1900 und 1901, als auch in Paris der Jugendstil gedieh. Art nouveau wird die Kunstrichtung in Frankreich genannt. Sie setzte sich mit ihren dekorativen, sinnlichen, geschwungenen Formen, den Pflanzen- und Tiermotiven und der Verwendung neuer Materialien wie Eisen und Beton seit 1890 vom extravaganten Historismus der Belle Époque ab – aber auch von der Nüchternheit des Industriezeitalters. Vor dem Ersten Weltkrieg wurde der Art nouveau dann vom flächigeren Stil des Art déco abgelöst.

Während seiner kurzen Blüte hinterließ der Jugendstil jedoch viele Spuren an der Seine: Schmuck, Möbel, Metroeingänge, Glaskuppeln von Brasserien, Keramik, Plakate von Henri de Toulouse-Lautrec und etliche Bauwerke. Hierzu zählen das Kaufhaus La Samaritaine, das Hotel Lutetia und eben das Immeuble Lavirotte, das der Architekt Jules Lavirotte für den Keramiker Alexandre Bigot erbaute. Der Hausherr nutzte dabei die Fassade als Ausstellungsfläche für seine Keramikkunst.

Es lohnt sich, ein Opern- oder Fernglas mitzubringen, um die phantasievollen Details genauer zu betrachten. Die bizarre, aus Holz, Glas und Schmiedeeisen geschaffene Eingangstür lässt sich auch ohne Glas aus der Nähe bewundern. Und wenn wir indiskret wären, könnten wir durch ein Fenster rechts daneben in die winzige Wohnung der Concierge blicken, die es früher in jedem Pariser Mehrfamilienhaus gab.

53

Mit allen Wassern gewaschen

MUSÉE DES ÉGOUTS
PONT DE L'ALMA, ESPLANADE
HABIB BOURGUIBA
MUSEE-EGOUTS.PARIS.FR
DI - SO 10-17 UHR

Der Pariser hasst die Pariser, doch er liebt seine Stadt. Während er Mitbürger als snobistisch, verschlossen und kühl abtut, lässt er auf Paris nichts kommen. Nicht einmal New York, das der Pariser ansonsten »super cool« findet, kann da mithalten. Und weil ihm Paris so am Herzen liegt, lässt er die Straßen und Trottoirs morgens nicht nur – wie in gewöhnlichen Städten – fegen, sondern auch noch waschen. Der Besucher wundert sich dann, wenn er bei schönstem Sommerwetter aus seinem Hotel auf die Straße tritt, und die Bürgersteige nass vorfindet, während durch die Rinnsteine Bächlein gurgeln, über die der Pariser elegant hinwegsetzt.

Lauter Wasserrohrbrüche? Keineswegs. Die Überschwemmungen sind gewollt. Um das zu verstehen, hilft ein Blick in die Geschichte.

Bis Mitte des 19. Jahrhunderts war Paris eine für heutige Vorstellungen unglaublich schmutzige Stadt, in der Seuchen wie Typhus und Cholera wüteten. Kaiser Napoleon III. nahm sich vor, das zu ändern. Sein Präfekt Georges-Eugène Haussmann stattete die Kapitale mit einer doppelten Wasserversorgung aus: Das eine Netz lieferte Trinkwasser in die Häuser; das andere Nutzwasser aus der Seine und dem Canal de l'Ourcq, zum Gießen der Gärten oder für die Straßenreinigung.

Noch heute sind in die Bordsteine der Pariser Straßen Abertausende *bouches de lavage* eingelassen, »Waschmäuler« aus Metall, die die Straßenkehrer öffnen können, damit das Wasser herausssprudelt. Es fließt dann – alle Pariser Straßen sind leicht geneigt angelegt – dem nächsten Gully zu und nimmt den Unrat der Nacht mit, den die Straßenreiniger von den Trottoirs spritzen.

Dieses System sorgt nicht nur für Sauberkeit, sondern im Sommer auch für Kühle in der aufgeheizten Stadt. Die Pariser sind so stolz auf ihre Wasserwirtschaft, dass sie ein wirklich spannendes Abwasserkanal-Museum, das Musée des Egouts, eingerichtet haben. So sehen sie sich in ihrer Überzeugung bestätigt, dass ein zivilisierter Mensch eigentlich nur in Paris leben kann.

54

METRO 9 STATION ALMA-MARCEAU

Kunststück

Wie ein gestrandeter Tanker liegt das rot- und rostfarbene, langgezogene Wrack in einer Grünanlage neben der Seine. Pflanzen beginnen, es zu überwuchern, Schilf sprießt hinter der Glaswand empor, die den havarierten Frachter von den Seine-Quais isoliert. Plötzlich fällt der Blick auf einen monumentalen steinernen Kopf mit Knautschnase und vollen Lippen, der da aus dem Schilf schaut. Grimmig mustern die schräg gestellten Augen die Passanten. Ein Schild informiert, dass es sich um die Kopie eines in Mexiko gefundenen Kunstwerks handelt, welches die Olmeken vor mehr als 2500 Jahren angefertigt haben. Willkommen in der Welt des Musée du Quai

MUSÉE DU QUAI BRANLY
QUAI BRANLY 37
WWW.QUAIBRANLY.FR/FR
TGL. (AUSSER MO) 10.30-19 UHR;
DO 10.30-22 UHR

Branly, das sich den außereuropäischen Kulturen widmet.
Was wie ein Schiff wirkt, ist in Wirklichkeit die mehr als 200 Meter lange Hauptgalerie, die der Architekt Jean Nouvel auf Stelzen errichtet hat. Drinnen erwartet den Besucher eine Kulturwanderung durch halbdunkle, in Erdfarben gehaltene Gänge und Räume. Scheinwerfer tauchen Masken der Dogon aus Mali in ein geheimnisvolles Licht, Statuen aus Kamerun, Schmuck der Tuareg, Totempfähle kanadischer Indianer, eine Wassergöttin der Azteken, ein Nussknacker in Form eines Pfaus aus Indien, indonesische Zeremonienstühle, einen verzierten Totenschädel der Papua, Federschmuck, Stelen, Tempelfiguren, Opferschalen. Schon nach wenigen Minuten ist dem Betrachter, als tauche er ein ins kulturelle Unterbewusstsein der Menschheit.
Zu verdanken hat Paris dieses überwältigende, aus einem gigantischen Fundus schöpfende Museum dem früheren Präsidenten Jacques Chirac, einem Liebhaber außereuropäischer Kulturen. Bei der Eröffnung im Jahr 2006 sagte Chirac, kein Volk, keine Nation und keine Zivilisation verkörpere das menschliche Genie für sich allein. »Jede Kultur bereichert es mit ihrem Teil der Schönheit und Wahrheit, und nur in ihren immer wieder erneuerten Werken erahnt man das Universale, das uns vereint.«

55

METRO 1, 2, 6 STATION CHARLES DE GAULLE - ÉTOILE

Triumph und Tragik

ARC DE TRIOMPHE
PLACE CHARLES DE GAULLE (PLACE ÉTOILE)
WWW.PARIS-ARC-DE-TRIOMPHE.FR
TGL. 10-23 UHR; IM WINTER
BIS 22.30 UHR

TIPP

MUSÉE CARNAVALET: AUSGEZEICHNETES
MUSEUM ZUR PARISER STADTGESCHICHTE
RUE DE SÉVIGNÉ 23
WWW.CARNAVALET.PARIS.FR
DI - SO 10-18 UHR

GRAB NAPOLEONS IM MUSÉE DE L'ARMÉE
RUE DE GRENELLE 129
WWW.MUSEE-ARMEE.FR/ACCUEIL.HTML
TGL. 10-18 UHR

Nach der Schlacht von Austerlitz im Dezember 1805, bei der Napoleons Große Armee die Österreicher und Russen besiegte, versprach der Kaiser seinen Soldaten: »Ihr werdet durch Triumphbögen nach Hause zurückkehren.« Noch im selben Winter ordnete er an, auf der Place de d'Étoile am Westende der Champs-Élysées einen Triumphbogen zu errichten und so an die Tradition altrömischer Imperatoren anzuknüpfen. Andere Pläne wie denjenigen, einen gigantischen Elefanten aufzustellen, verwarf er, was heute kaum ein Pariser bedauert.

Dem Kaiser blieb jedoch der Triumph versagt, die Einweihung seines Bogens mitzuerle-

ben. Der Arc de Triomphe, fast 50 Meter hoch und 50 000 Tonnen schwer, wurde erst unter dem so genannten Bürgerkönig Louis-Philippe 1836 fertiggestellt. Napoleon war bereits 15 Jahre früher in der Verbannung auf St. Helena gestorben. Immerhin: 1840 wurde sein Leichnam zurück nach Frankreich gebracht und unter dem Triumphbogen aufgebahrt, bevor er in den Invalidendom überführt wurde.

Seitdem ist der Arc de Triomphe der Zeremonienort für die großen Stunden des Landes. Hier feierte Frankreich 1919 den Sieg über Deutschland im Ersten Weltkrieg und 1944 die Befreiung von Paris von den deutschen Besatzern im Zweiten Weltkrieg. Hier, unter dem Bogen, befindet sich das Grabmal des Unbekannten Soldaten, an dem Frankreichs frisch gewählte Präsidenten an ihrem ersten Tag im Amt die ewige Flamme erneuern. Hier beginnt alljährlich am 14. Juli die große Militärparade zum Nationalfeiertag. Und hier sausen die Fahrer der Tour de France auf der letzten Etappe vorbei, dem Ziel entgegen.

Noch interessanter, als um den größten Triumphbogen der Welt herumzufahren, ist es, ihn zu besteigen. Am Ende vieler Stufen belohnt die Terrasse mit einem der schönsten Ausblicke über Paris. Der Blick schweift von den Seine-Höhen und den Wolkenkratzern von La Défense im Westen über den Montmartre mit der schneeweißen Sacre Cœur im Norden hinüber zum Riesenrad und weiter zum Eiffelturm, der »eiserne Dame« genannt wird, obwohl er eher einer eisernen Giraffe gleicht.

Von hier oben lässt sich auch gut erkennen, warum der kreisrunde Platz, auf dem der Triumphbogen steht, von den Parisern weiterhin Place de l'Étoile (Sternenplatz) genannt wird, obwohl er seit 1970 offiziell Place Charles-de-Gaulle heißt: Zwölf Avenuen gehen sternförmig von hier aus, darunter die Champs-Élysées und die Avenue de la Grande Armée. Von der Terrasse des Triumphbogens aus betrachtet, zerschneiden sie die Stadt wie eine Torte in Stücke.

Wie sich der ursprünglich geplante Riesenelefant wohl auf dem Platz gemacht hätte? Napoleon befahl schließlich, eine Monumentalstatue des Tieres in Bronze inmitten eines Brunnens auf der Place de la Bastille zu errichten. Zur Ausführung kam allerdings nur ein Modell aus Holz und Gips, das 1846 abgerissen wurde. Das Museum Carnavalet zur Pariser Stadtgeschichte besitzt ein Aquarell, welches das in jeder Beziehung elefantöse Projekt zeigt.

56

METRO 1 STATION LES SABLONS

Traum aus Glas

Pariser Bauherrn und Politiker scheuen nicht davor zurück, die Stadt mit radikal modernen Gebäuden zu schmücken – oder wie manche meinen, zu verunstalten. Der Eiffelturm ist so ein Beispiel, die Tour Montparnasse, das Centre Pompidou oder die Bastille-Oper. Seit 2014 hat die Stadt ein weiteres Gebäude, dessen extravagante Architektur größtes Aufsehen erregt. Nur dass die Fondation Louis Vuitton nicht in das historische Zentrum hinein geklotzt wurde, sondern vom Grün der nördlichen Ausläufer des Bois de Boulogne umgeben ist. Wie der Chitinpanzer eines monströsen Insekts schimmert die polymorphe – und auf unserem Bild von dem Künstler

FONDATION LOUIS VUITTON
AVENUE DU MAHATMA GANDHI 8
WWW.FONDATIONLOUISVUITTON.FR
MO, MI, DO 11-20 UHR; FR 11-21 UHR;
SA, SO 10-20 UHR

TIPP

NEBEN DER FONDATION LOUIS VUITTON LIEGT DER LANDSCHAFTS- UND VERGNÜGUNGSPARK JARDIN D'ACCLIMATATION, DER SICH VOR ALLEM AN FAMILIEN MIT KINDERN RICHTET.
RUE DU BOIS DE BOULOGNE
WWW.JARDINDACCLIMATATION.FR

Daniel Buren polychrom erleuchtete – Außenhaut des bis zu 50 Meter hohen Kunst- und Kulturzentrums über die Bäume hinaus. Der überwältigend futuristische, mit einem Schuss Größenwahn versehene, von Wasser umflossene Bau scheint dem Traum eines Außerirdischen entsprungen zu sein.

Doch der kanadische Stararchitekt Frank Gehry hat sich etwas anderes dabei gedacht: »Die Idee war, ein Gebäude zu schaffen, das sich bewegt wie ein Schiff unter vollen Segeln«, sagte er. Dies wissend, vermag man tatsächlich zwölf Riesensegel auszumachen, die scheinbar von einem mächtigen Wind im Inneren des Baus auseinandergebläht werden. Die Segel bestehen aus Tausenden Paneelen eines speziellen Glases – um Gehrys Entwurf zu verwirklichen, musste vieles erst erfunden werden. So brachte der Bau, nebenbei, 30 Patente hervor.

Als »charmanten Irrsinn« hat die *Süddeutsche Zeitung* dieses Werk einmal bezeichnet. Es wurde von Bernard Arnault in Auftrag gegeben, dem Multimilliardär und Chef des Luxus-Konzerns LVMH, zu dem, unter anderem, Louis Vuitton, Moet & Chandon, Dior, Fendi und Bulgari gehören. Arnault wollte sich so, das darf man wohl behaupten, ein Denkmal setzen, und zugleich Raum für seine Sammlung moderner Kunst sowie für Wechselausstellungen und Kultur-Events schaffen.

Das Innere hält, was die Verpackung verspricht: ein grandioses Labyrinth aus Sälen, Gängen, Glashallen, Stahlwänden, Holzbalken und Eisenrippen mit 1000 Quadratmetern Ausstellungsflächen und einem Auditorium. Neben der Dauerausstellung mit Schätzen aus der Sammlung Arnault – darunter Werke Gerhard Richters – widmen sich Wechselausstellungen der zeitgenössischen Kunst Afrikas, modernen chinesischen Künstlern oder dem Werk des Architekten Frank Gehry selbst. Wobei der spektakuläre Bau bisweilen den Verdacht aufkommen lässt, die darin enthaltenen Kunstwerke seien nur Beiwerk. Denn der Star dieses neuen Kunstzentrums ist das Gebäude selbst.

METRO 1 STATION LA DÉFENSE

Manhattan an der Seine

Paris gilt als Stadt des Savoir-vivre, des nostalgischen Flairs und eines charmanten Hauchs von Dekadenz. Das alles kann der Reisende dort finden – und dabei womöglich übersehen, dass Paris noch etwas ganz anderes ist: die Wirtschafts- und Finanzmetropole Frankreichs und eines der wichtigsten Wirtschaftszentren Europas. Mehr als zwölf Millionen Menschen leben im Großraum der Kapitale, die meisten großen französischen Unternehmen haben hier ihren Sitz. Um einen Eindruck von dieser geballten Kraft zu bekommen, reicht eine kurze Fahrt mit der Metro-Linie 1.

Man steigt zum Beispiel am Louvre, im Herzen des alten Paris,

INFORMATIONEN ZU LA DÉFENSE MIT PLAN UND VERANSTALTUNGSTIPPS: WWW.LADEFENSE.COM

in die Metro und nach knapp zwanzig Minuten Fahrt an der Station La Défense in einer völlig anderen Welt wieder aus. Ein kolossales weißgraues, nahezu quadratisches Tor aus Carrara-Marmor und Glas, Grande Arche genannt, zieht sofort den Blick auf sich: Es ist ein moderner Triumphbogen, den Präsident François Mitterrand 1989 anlässlich des 200. Jahrestags der Französischen Revolution erbauen ließ. Tausende Menschen arbeiten in den Büros im Inneren des 110 Meter hohen Gebäudes.

Eine Freitreppe führt auf eine Plattform unter dem Riesentor hinauf. Von hier aus schweift der Blick nach Osten über eine breite, mit modernen Skulpturen geschmückte Esplanade, und weiter, die Avenue Charles de Gaulle und die Avenue de la Grande Armée entlang bis zum Arc de Triomphe, dem älteren und kleineren Bruder der Grande Arche.

Rund um die Grande Arche und die Esplanade recken sich die Zeugnisse des modernen Frankreichs in den Himmel, architektonisch anspruchsvoll gestaltete Wolkenkratzer mit Namen wie »Carpe Diem«, »Cœur Défense«, »Tour Majunga« oder »Manhattan«. Wie Manhattan wirkt das Ensemble um die Grande Arche tatsächlich, wenn man es aus der Ferne betrachtet.

Es lohnt sich, zwischen den Stahl-, Beton- und Glastürmen des größten Geschäftsviertels Europas herumzustreifen, um hier einen zwölf Meter hohen Bronze-Daumen des Bildhauers César oder dort zwei knallbunte Riesenfiguren Joan Mirós zu bewundern. Nach einer Weile kann man sich zwischen all dem Gigantischen auf der weiten Esplanade recht klein und unbehaust fühlen. Dann fährt man gern mit der Metro ins alte Paris zurück.

Montmartre und der Norden

58

METRO 2 STATION BLANCHE ODER METRO 2, 12 STATION PIGALLE
ODER METRO 12 SAINT-GEORGES

Romantisches Leben

Zwischen der Garnier-Oper und den großen Boulevards einerseits und dem Rotlichtviertel um den Boulevard de Clichy andererseits versteckt sich ein Ort, den die Touristenströme außer Acht lassen: das Musée de la Vie Romantique. Es ist ein Überbleibsel einer Zeit, da das umliegende Viertel als »Republik der Künste und der Literatur« galt, und wegen der Griechenlandbegeisterung mancher seiner Architekten und Bewohner »Nouvelle Athènes« genannt wurde. Hier lebten und wirkten in den Jahrzehnten nach Napoleon George Sand und Frédéric Chopin, Eugène Delacroix, Franz Liszt, Claude Monet, Paul Gauguin, Alexandre Dumas und viele andere.

MUSÉE DE LA VIE ROMANTIQUE
RUE CHAPTAL 16
MUSEEVIEROMANTIQUE.PARIS.FR
TGL. (AUSSER MO) 10-18 UHR

Es war auch in Frankreich die Zeit der Romantik, die sich für Gefühle und Leidenschaften begeisterte, für Spukgeschichten, Nostalgie, Fernweh, Mittelalter und Orient. Vor allem aber feierte der damalige Zeitgeist die gequälte Künstlerseele, die das Schöne erschafft. Die Romantiker setzten sich so in Kontrast zum Zeitalter der Aufklärung, das die klassische Antike verehrte und ihr künstlerisch nacheiferte.

Einer dieser Romantiker war der Niederländer Ary Scheffer (1795–1858), in dessen Domizil nun das Museum des Romantischen Lebens untergebracht ist. Eine Stichstraße führt zu einem verwunschenen, begrünten Hof und einem Haus mit lindgrünen Fensterläden und angrenzendem Wintergarten. Die Räume, in denen Ary Scheffer lebte und malte, sind heute ihm, dem Schriftsteller und Philosophen Ernest Renan sowie der eigenwilligen, leidenschaftlichen, keinem amourösen Abenteuer abgeneigten Schriftstellerin Aurore Dupin de Francueil gewidmet, die unter ihrem Künstlernamen George Sand bekannt ist.

Zu sehen sind Möbel, Gemälde und Zeichnungen aus jener Zeit, Büsten, Schmuck und viele andere Erinnerungsstücke. Sie lassen einen bürgerlich-intellektuellen Salon des 19. Jahrhunderts wiederaufleben.

Beim Bummel durch das Haus vermeint man George Sand – Zigarren rauchend und in Männerkleidung – in einem Sessel sitzen zu sehen, während ihr Geliebter Chopin mit Delacroix über ästhetische Probleme diskutiert. Im Gärtchen vor dem Haus serviert heute ein Salon de Thé Bio-Eis und heiße Schokolade. Hier kann man mit einem Roman George Sands für ein, zwei Stunden dem modernen Paris entrücken und in die Welt der Romantik abtauchen.

59

METRO 2, 13 STATION PLACE DE CLICHY ODER METRO 2 STATION BLANCHE

Eine Rose für die Kameliendame

Der Herr in der Friedhofsverwaltung stutzt erst einmal, als wir ihn nach dem Grab von Alphonsine Plessis fragen. Dann huscht ein Lächeln über sein Gesicht. »Ah, Sie meinen die Kameliendame!« Tatsächlich kann man durcheinandergeraten, bei all den Namen, die dem Mädchen aus der Normandie schon zugeschrieben wurden. 1824 in eine arme, zerrüttete Familie hineingeboren und als Analphabetin unter einem gewalttätigen Vater aufgewachsen, gab ihr das Leben doch zwei wertvolle Geschenke mit: Schönheit und Klugheit. Sie halfen ihr, aus ihrem Leben ein Märchen zu machen, das nur viel zu früh endete. Die 15 Jahre alte Alphonsine

CIMETIÈRE DE MONTMARTRE
AVENUE RACHEL 20
EIN PLAN MIT DEN GRÄBERN BERÜHMTER VERSTORBENER KANN VON FOLGENDER WEBSEITE HERUNTERGELADEN WERDEN:
EQUIPEMENT.PARIS.FR/CIMETIERE-DE-MONTMARTRE-5061
MO - FR 8-17.30 UHR, SA 8.30-17.30 UHR, SO 9-17.30 UHR

TIPP

GRÖSSTER UND BERÜHMTESTER FRIEDHOF VON PARIS IST DER CIMETIÈRE DU PÈRE-LACHAISE
RUE DU REPOS 16
PERE-LACHAISE.COM
JE NACH JAHRESZEIT MO - FR 8-17.30/18 UHR, SA 8.30-17.30/18 UHR, SO 9-17.30/18 UHR

machte es wie so viele junge Menschen in Frankreich: Sie ging nach Paris, um gesellschaftlich aufzusteigen und ein besseres Leben zu führen. Viele scheiterten dabei. Die junge Frau mit den delikaten Gesichtszügen und dem hellen, makellosen Teint aber fand rasch Zugang zur eleganten Welt. Schon ein Jahr später war sie eine der begehrtesten Kurtisanen von Paris. Sie lernte lesen und schreiben, scharte reiche Männer, Schriftsteller und Künstler um sich, führte einen Salon, ging in die Oper und fuhr im Bois de Boulogne spazieren. Sie nannte sich nun Marie Duplessis, heiratete einen Grafen und wurde so zur Comtesse de Perregaux.

Doch genauso schnell wie ihr Auf- verlief ihr Abstieg. Das turbulente Leben schwächte die zarte Frau, sie erkrankte an Tuberkulose und starb mit 23 Jahren, wieder verarmt und von fast allen Freunden verlassen. Und sie wäre wohl in Vergessenheit geraten, hätte nicht Alexandre Dumas der Jüngere eine Affäre mit ihr gehabt. Der Schriftsteller war von ihr so beeindruckt, dass er sie nach ihrem Tod zur Romanfigur machte, zu Marguerite Gautier, genannt *Die Kameliendame*. Und noch einmal sollte sich das Mädchen aus der Normandie verwandeln. In Giuseppe Verdis Oper *La Traviata* tritt sie bis heute als Violetta Valéry auf, die Kurtisane, die, wenn auch nur kurz, die große Liebe findet.

Hier auf dem Friedhof von Montmartre ruht sie, Alphonsine Plessis, in einem Sarkophag aus hellem Stein. Ein kleines Bild zeigt sie in ihrer fragilen Schönheit, eine weiße Kamelienblüte an der Brust. Davor welkt, in einer Vase, eine rote Rose dahin. Ein Vers von Heinrich Heine scheint der jungen Frau mit dem melancholischen Blick durch den Sinn zu gehen:

»Immerhin! Mich wird umgeben / Gottes Himmel, dort wie hier, / Und als Totenlampen schweben / Nachts die Sterne über mir.«

Auch Heine ist auf dem Künstlerfriedhof von Montmartre bestattet, ebenso wie Alexandre Dumas, Edgar Degas, Stendhal oder Émile Zola. Die Friedhofsverwaltung hilft bei der Suche nach ihren Gräbern mit einem Plan der schattig-stillen Totenstadt.

METRO 2 STATION ANVERS ODER METRO 12 STATION ABBESSES
ODER LAMARCK-CAULAINCOURT

Das Leben der Bohème

MUSÉE DE MONTMARTRE/
MUSÉE-JARDINS
RUE CORTOT 12
MUSEEDEMONTMARTRE.FR
TGL. 10–18 UHR

LAPIN AGILE
RUE DES SAULES 22
WWW.AU-LAPIN-AGILE.COM
DI, DO, FR, SA 21–1 UHR

MOULIN DE LA GALETTE
RUE LEPIC 75 BIS 77
IN DER RUE LEPIC 83 BEFINDET SICH DAS VORZÜGLICHE TRADITIONS-RESTAURANT LE MOULIN DE LA GALLETTE.
WWW.MOULINDELAGALETTEPARIS.COM

BATEAU LAVOIR
PLACE ÉMILE GOUDEAU 13
MUSEEDEMONTMARTRE.FR/
LE-BATEAU-LAVOIR
NUR VON AUSSEN ZU BESICHTIGEN

TIPP

ALS DER MONTMARTRE ZU BERÜHMT UND TEUER WURDE, ZOGEN DIE BOHÈMIENS ZUM MONTPARNASSE WEITER. EIN ZAUBERHAFTES RELIKT AUS DIESER ZEIT IST DER CHEMIN DU MONTPARNASSE, EINE ÜPPIG BEGRÜNTE SACKGASSE MIT ZAHLREICHEN ATELIERS, IN DENEN HEUTE WIEDER KÜNSTLER ARBEITEN, IHRE WERKE ZEIGEN UND VERKAUFEN.
AVENUE DU MAINE 21
FREI ZUGÄNGLICH
EINEN EINDRUCK GEBEN DIE WEB-SEITEN

PARISIAN-TOUCH.BLOGSPOT.DE/2014/10/LE-CHEMIN-DU-MONTPARNASSE.HTML
WWW.PARISLADOUCE.COM/2016/01/PARIS-CHEMIN-DU-MONTPARNASSE-LA-MEMOIRE.HTML

Die Place du Tertre auf der Kuppe des 130 Meter hohen Gipshügels Montmartre gleicht einem Rummelplatz. Kleinkünstler bieten ihre Gemälde an, während Karikaturisten die Kundschaft verzeichnen. Zahlreiche Lokale buhlen um Gäste. Auf den Terrassen werden Kalbskopf, Maigret de Canard, Pizzen und Crêpes verzehrt. Das Geschäft mit dem Mythos Montmartre scheint den Hügel komplett in Beschlag zu nehmen.

Dabei lag hier bis ins 19. Jahrhundert nur ein winziges Dorf mit Rebhängen und Mühlen. Dort war der Wein billiger als in Paris, es gab Schenken und Tanzlokale wie den Moulin de la Galette, wo sich alle trafen, Bürger, Künstler, Halbweltdamen. Die Sitten waren lockerer als im Rest der Stadt.

Dann entdeckte die Avantgarde den Hügel. Pierre-Auguste Renoir kam und malte die Feiernden im Moulin de la Galette, Edouard Manet ließ sich von Varieté-Theatern inspirieren, Vincent van Gogh hatten es Gemüsebeete und Mühlen angetan. Andere avantgardistische Künstler wie Henri de Toulouse-Lautrec rückten die Armen und Außenseiter der Gesellschaft ins Zentrum ihrer Bilder: Huren und Trunkenbolde, Wäscherinnen, Bettler, Gaukler, Clowns, Sänger, Tänzerinnen.

Der Montmartre war ein Jahrmarkt des Lebens, auf dem Ausgelassenheit und Armut, geistvolle Dichtung und zotige Gesänge, billiger Sex und charmante Galanterie gediehen. Was ist geblieben von dieser Welt? Man muss etwas suchen, um dem Leben der Bohème auf die Spur zu kommen. Ganz oben auf dem Hügel mit seinen kopfsteingepflasterten, gewundenen Gassen und verschwiegenen Gärten wird man fündig. Nördlich der Place du Tertre gibt das Musée du Montmartre einen Einblick ins Schaffen der Avantgarde. Dahinter schließt sich ein Weinberg an, er wurde 1933 in Erinnerung an die alten Zeiten gepflanzt.

Auf der Nordseite des Rebhangs steht ein rosa Häuschen aus dem 18. Jahrhundert. Auf einem Bild an der Fassade serviert ein Kaninchen eine Flasche Wein. Einst gab es in dem Haus eine Schenke namens »Zum Treffpunkt der Diebe«, später wurde das Cabaret Lapin Agile (Flinkes Kaninchen) daraus, in dem sich Renoir,

Picasso und Utrillo, Verlaine und Apollinaire vergnügten. Das Cabaret gibt noch heute regelmäßig Vorstellungen.

Am Nebelschloss vorbei geht es nach Westen, zum Moulin de la Galette. Unter diesem Namen sind die beiden letzten von einst 30 Windmühlen bekannt, die sich früher auf dem Montmartre drehten. Fünf Minuten weiter liegt die Place Émile Goudeau. Hier steht das Bateau-Lavoir, ein Atelierhaus, das an eines der ehemaligen Wäscherinnen-Boote auf der Seine erinnert. Es wurde zu einer der berühmtesten Ateliergemeinschaften der Kunstgeschichte.

Juan Gris, Max Jacob oder Amedeo Modigliani lebten und arbeiteten hier in einfachsten Verhältnissen. Und Picasso. Seine Geliebte Fernande Olivier erinnerte sich später: »Das Atelier war im Sommer ein Glutofen. Picasso und seine Freunde empfingen die Besucher halbnackt, nur mit einem um die Taille geknoteten Schal bekleidet. (...) Im Winter war es dermaßen kalt im Atelier, dass Teereste in den Tassen vom Abend am nächsten Morgen gefroren waren.« Hier erschuf Picasso den Kubismus. 1970 brannte das Bateau-Lavoir ab. Heute arbeiten in einem Neubau wieder Künstler hier. Womöglich ist unter ihnen ein kommender Picasso.

61

METRO 4, 5, 7 STATION GARE DE L'EST

Ruf der Wildnis

Es waren einmal drei Auszubildende. Die studierten am Institut Paul Bocuse bei Lyon die Küchenkunst. Dabei bekamen Jade, Annaïg und Loris die Aufgabe, das Konzept für ein Restaurant zu entwerfen. Das machte ihnen so viel Vergnügen, dass sie es in der Praxis ausprobieren wollten. Sie gründeten mit sehr wenig Geld und geliehenem Geschirr für kurze Zeit in Lyon und Paris Lokale, die ein immersives Erlebnis versprachen, also ein Eintauchen in eine andere Realität. In die Tiefsee, das Weltall oder den Urwald zum Beispiel. Das Konzept hatte so viel Erfolg, dass das Küchen-Trio nun drei dauerhafte Restaurants in Paris eröffnet hat.

JUNGLE PALACE
RUE DE LA FIDÉLITÉ 12
WWW.EPHEMERA-GROUP.COM/
JUNGLE-PALACE-EPHEMERA
TGL. 12-14.30 UND 19-22.30 UHR
DIESELBEN WIRTE BETREIBEN IN PARIS
AUCH DIE THEMENRESTAURANTS
STELLAR (WELTRAUM-ATMOSPHÄRE)
UND UNDER THE SEA.
WWW.EPHEMERA-GROUP.COM/
STELLAR-EPHEMERA
WWW.EPHEMERA-GROUP.COM/
UNDER-THE-SEA

Wir entscheiden uns für den Jungle Palace. Denn ist Paris nicht ein Großstadtdschungel, in dem man nach ein bisschen Grün lechzt? Also: zurück zur Natur! Ein schlichtes Tor. Ein kleiner Warteraum. Ein schwerer Samtvorhang. Man zwängt sich hindurch – und findet sich in einer anderen Welt wieder, irgendwo zwischen Dschungelbuch und Angkor Wat.

Von überall her scheinen Schlingpflanzen, Philodendren und Farne nach einem zu tasten. Papageien krächzen aus Urwaldbäumen. Die Silhouette eines Tigers schiebt sich durchs Gebüsch. An den Wänden tauchen Filmszenen von Wasserfällen, tropischen Stürmen und in der Nacht leuchtenden Dschungelpflanzen auf. Die Reste eines alten Palastes werden sichtbar, vom Urwald überwuchert. Im Geäst glimmen Kronleuchter. Auch wenn die Luft für einen Urwald viel zu trocken ist und die sehr bemühten Kellnerinnen und Kellner eher nicht aussehen wie Jane und Tarzan: Eindrucksvoll ist es allemal, was Jade, Annaïg und Loris hier an Illusionskunst eingesetzt haben.

Das Dämmerlicht, der tropische Klangteppich und das Schnattern der vorwiegend jungen, hippen Gäste versetzen uns in einen angenehm meditativen Zustand. Vielleicht hat auch der Cocktail L'Exploration seinen Anteil daran. Getränke und Gerichte sind natürlich exotisch. Humus, Tacos, Gemüsebananen in pikanter Tomatensauce, Garnelen-Curry oder in Sojasauce mit Honig und Cognac mariniertes Hähnchen werden serviert.

Wir entscheiden uns für Le Tigre Qui Pleure – den Tiger, der weint. Was das bedeutet, darf der Gast selbst entdecken. So viel sei verraten: Tigerfleisch ist es definitiv nicht.

Die Konkurrenz unter den Restaurants in Paris ist gewaltig. Schlendert man durch die Innenstadt, bekommt man den Eindruck, alle Pariser seien ununterbrochen mit Kochen, Servieren oder Essen beschäftigt. So genannte Themenrestaurants oder immersive Restaurants versuchen, hier noch irgendeine Nische zu finden, wie Darwins Finken auf den Galápagos-Inseln.

Das ist Jade, Annaïg und Loris erst einmal gelungen. Die Tische in ihrem geräumigen Urwald-Lokal sind auch unter der Woche alle besetzt. Wer hier auf kulinarische Entdeckungstour gehen möchte, sollte vorbestellen, bevor das Dschungelfieber in Paris noch weiter steigt.

62

METRO 12 STATION ABBESSES

Eingang zur Unterwelt

PLACE DES ABBESSES

TIPP

WEITERE BESONDERS SEHENSWERTE METRO-EINGÄNGE:
PORTE DAUPHINE
PALAIS ROYAL – LOUVRE
CHÂTELET – PLACE STE-OPPORTUNE

Als die Pariser Ende des 19. Jahrhunderts anfingen, ihre Metro zu bauen, blühte der Jugendstil, der Art nouveau. Seine Künstler wollten sich sowohl von historistischen Stilformen wie der Neogotik als auch von den Werken der Industrialisierung absetzen. Sie schätzten Materialien wie Gusseisen und Glas sowie asymmetrische, geschwungene Formen. Und sie ließen sich gern von der Natur inspirieren.
Auch der Architekt und Designer Hector Guimard, der die Zugänge zur Untergrundbahn entwarf, folgte dem neuen Stil. Er flocht Eisenstäbe zu floralen Mustern, kombinierte diese Äste, Blumenstängel, Blätter und Blüten mit Glas und gestaltete so die Tore,

Dächer, Geländer und Kandelaber der U-Bahn-Zugänge.
Von den mehr als 160 blaugrünen Zugängen, die Guimard gestaltete, sind noch 86 erhalten. Mit dem charakteristischen Schriftzug »Metropolitain« oder »Metro« gehören sie zu den Wahrzeichen von Paris und tragen – wie die Bouquinisten an der Seine und der Blumen- und Vogelmarkt auf der Île de la Cité – zur romantisch-nostalgischen Atmosphäre der Stadt bei. Ein besonders schönes Exemplar steht auf der Place des Abbesses am Fuß des Montmartre. Ein anderes an der Metro-Station Porte Dauphine am Bois de Boulogne.
Auch heutzutage versuchen sich Künstler an der Gestaltung von Metro-Eingängen. So hat Jean-Michel Othoniel einen Zugang zur Station Palais Royal–Louvre mit einer Kuppel aus bunten Murano-Glaskugeln überwölbt. »Kiosk der Nachtschwärmer« hat er sein Werk genannt. Es ist so umstritten, wie es einst die Metro-Eingänge Guimards waren, die heute niemand mehr missen will.

63

METRO 4 STATION PORTE DE CLIGNANCOURT

Magie der Dinge

Einen Flohmarkt kennt jeder. Aber eine Flohstadt? Straßenzüge, Plätze, Höfe, Gässchen, Passagen, die vor Trödel überquellen, mit 2000 Händlern, die auf neun Hektar Antiquitäten und Kinoplakate, Vintage-Mode, garantiert unechte Markenuhren, Bücher, Spielzeug, Schallplatten, prähistorisch anmutende Tennisschläger und ausrangierte Karussellpferde anbieten? Das gibt es wohl nur in Paris, auf dem Marché aux Puces Saint-Ouen im Norden der Kapitale.

Ein eigener Stadtplan erschließt diese Trödel-Metropole mit ihren 15 Untermärkten. Millionen Pariser und Touristen schauen pro Jahr vorbei. Gewiss, ein Haute-Couture-Kleid von Chanel für

MARCHÉ AUX PUCES DE PARIS SAINT-OUEN
INFO-BÜRO: RUE DES ROSIERS 124
WWW.PUCESDEPARISSAINTOUEN.COM
FR 8-12 UHR; SA, SO 10-18 UHR;
MO 11-17 UHR

sieben Euro auf einem Wühltisch oder ein bislang unbekannter Renoir für 180 Euro in einem Ramschladen lassen sich hier eher nicht entdecken. Die Händler sind Profis. Dennoch lohnt sich die Fahrt mit der Metro hinaus in den Pariser Norden, um der Magie der Dinge zu erliegen, da einen weit gereisten Louis-Vuitton-Koffer zu umkreisen, dort einen ausgestopften Zebrakopf zu betrachten und vielleicht diesen etwas struppigen, aber durchaus extravaganten Federhut zu erwerben.

Teile des Markts wirken mit ihren gekonnt restaurierten Antiquitäten oder den immer häufiger vertretenen Designermöbeln wie ein Museum oder eine Edel-Boutique. Andere erinnern mit ihren neuen Billigklamotten, Turnschuhen für 10 Euro und grellbunten Handy-Hüllen an einen südeuropäischen Straßenmarkt. Stunden kann man in der Trödelstadt herumstreifen, um sich dann in einem der zwei Dutzend Lokale und Cafés zu erholen und der Dinge zu erfreuen, die man ergattert hat.

Der Begriff »Marché aux Puces« – Flohmarkt – soll übrigens hier am Rand von Paris entstanden sein. Weil die Lumpensammler mit ihrer von Flöhen bevölkerten Ware aus der Innenstadt vertrieben wurden, boten sie ihre Sachen an der Peripherie feil. 1885 wurde der Markt von Saint-Ouen offiziell eröffnet. Heute lassen sich die Käufer längst nicht mehr lumpen: Der Jahresumsatz dieses Flohmarkts beträgt um die 350 Millionen Euro.

Ausflüge

64

RER A STATION GARE DE NOISY-LE-GRAND-MONT D'EST

Wenn Architekten Käse machen

ARÈNES DE PICASSO
PLACE PABLO PICASSO 6
93160 NOISY-LE-GRAND

TIPP

EIN WEITERES BIZARR-EXTRAVAGANTES ENSEMBLE SIND DIE ESPACES D'ABRAXAS DES ARCHITEKTEN RICARDO BOFILL. DORT WURDEN MEHRERE SZENEN FÜR DIE VIERTE FOLGE DES KINO-FILMS *DIE TRIBUTE VON PANEM* GEDREHT.
PLACE DES FÉDÉRÉS
93160 NOISY-LE-GRAND

Frankreich ist berühmt für seine charmanten Innenstädte – und berüchtigt für seine verunstalteten Banlieues. Dabei hatten es Politiker, Urbanisten und Architekten mit den Bewohnern der Trabantenstädte oft nur gut gemeint. So entstanden in den sechziger Jahren um Paris herum die Villes Nouvelles, die Neuen Städte. Sie sollten den Menschen, die in den Ballungsraum strömten, saubere, helle Wohnungen mit Küchen und Bädern bieten. Das war damals nicht selbstverständlich.

Später hatten avantgardistische Architekten den Ehrgeiz, die Sozialwohnungen nicht mehr in gesichtslosen Hochhäusern, sondern in spektakulären, futuris-

tischen Ensembles unterzubringen. Der Spanier Manolo Nuñez etwa wollte »die Ghettoisierung der Pariser Banlieues bekämpfen«. Er baute Anfang der 1980er Jahre in der Gemeinde Noisy-le-Grand östlich von Paris seine Arènes de Picasso, die 540 Sozialwohnungen umfassen. Dabei ließ er sich von seinen Landsleuten Pablo Picasso und Antoni Gaudí beeinflussen, aber auch von Gotik und Renaissance.

Wer heute den gigantomanischen, von unbehausten Arkaden umgebenen Platz betritt, wähnt sich in einem metaphysischen Gemälde Giorgio de Chiricos oder in einem Science-Fiction-Film über die letzten Tage der Menschheit. Zwei 17 Stockwerke hohe, kreisrunde Gebäude aus Stahlbeton-Fertigteilen ragen an der Ost- und Westseite empor. Die Bewohner nennen sie »Camemberts«. Der Architekt sah in ihnen dagegen die Räder eines riesigen Karrens.

Wie auch immer: Unter einem grauen Pariser Himmel entfalten diese Bauten eine monströse Wucht. Die Menschen, die über den Platz huschen und in den Eingängen der Camemberts verschwinden, erscheinen zu klein für diese Welt. Tatsächlich wirkt das Ziel des Architekten, der Ghettobildung entgegenzuwirken, eher misslungen. Hier wohnen besonders viele Einwanderer aus Afrika und Südostasien, die sich keine wohnlichere Gegend leisten können.

Wie in anderen Trabantenstädten um Paris herum ist die Arbeitslosenquote hoch, es herrschen Kriminalität und Drogenhandel. Die Stadt versuchte, dem mit einem Renovierungsprogramm entgegenzuwirken. Der Platz wurde begrünt und mit Brunnen ausgestattet, wirklich einladend wurde er dadurch nicht. Eindrucksvoll sind die Arènes de Picasso aber auf jeden Fall – als Experiment zwischen städtebaulichem Traum und Alptraum.

65

METRO 13 BASILIQUE DE SAINT-DENIS

Die Gesichter von Saint-Denis

KATHEDRALE SAINT-DENIS
RUE DE LA LÉGION D'HONNEUR 1
93200 SAINT-DENIS
WWW.SAINT-DENIS-BASILIQUE.FR
MO – SA 10–17.15 UHR, IM SOMMERHALBJAHR BIS 18.15 UHR
SO 12–17.15 UHR, IM SOMMERHALBJAHR BIS 18.15 UHR

MARCHÉ SAINT-DENIS
PLACE JEAN JAURÈS / PLACE VICTOR HUGO
93200 SAINT-DENIS
WWW.TOURISME93.COM/MARCHE-DE-SAINT-DENIS.HTML
DI 8–12.30 UHR, FR UND SO 8–13 UHR

TIPP

DAS STADE DE FRANCE KANN AUCH BESICHTIGT WERDEN. INFORMATIONEN UNTER WWW.STADEFRANCE.COM/FR/LE-PASS-VISITE

Im 3. Jahrhundert wird Dionysius vom Papst als Missionar nach Gallien geschickt, wo er zum ersten Bischof von Paris aufsteigt. Dort lässt ihn der römische Gouverneur verhaften und auf einem Hügel im Norden der Stadt enthaupten, der heute Montmartre heißt. Der wackere Bischof nimmt seinen abgeschlagenen Kopf in die Hände und

trägt ihn sechs Kilometer nach Norden zu einem Ort, wo er bestattet werden möchte.

So weit, so normal in einer Heiligenlegende. Doch nun beginnt eine wundersame Geschichte. Das Grab wird zum vielbesuchten Wallfahrtsort. Um die Ruhestätte des Heiligen entsteht ein Benediktinerkloster. Der Frankenkönig Dagobert I., der von 629 bis 638 regiert, ordnet an, hier bestattet zu werden. Fortan werden die meisten französischen Könige in der Abteikirche Saint-Denis beerdigt, darunter Pippin der Jüngere, Hugo Capet, Ludwig der Heilige, Heinrich IV. und Ludwig XIV.

Abt Suger lässt von 1137 an einen Neubau der Kirche errichten, der noch heute steht und als Ursprungsbau der Gotik gilt. Im Chor mit seinem Umgang und dem Kapellenkranz erproben die Baumeister Techniken wie Strebepfeiler, Spitzbögen und Kreuzrippengewölbe. So lassen sich leichtere Strukturen schaffen und die Wände durch riesige Buntglasfenster aufbrechen. Die großen Kathedralen der Gotik – wie Notre-Dame in Paris, das Ulmer Münster oder der Mailänder Dom – bauen auf Saint-Denis auf.

Das bewahrte die Kathedrale nicht davor, während der Großen Revolution geplündert zu werden. 1793 werden die Königsgräber zerstört, die Bleisärge eingeschmolzen. Die Gebeine von 170 Königen, Königinnen und Prinzen werden geraubt, als Reliquien verschachert oder in Gruben verscharrt. Die Sarkophage sollen in ein Museum kommen.

Doch dann nimmt die Geschichte eine andere Wendung: Die Bourbonen gelangen zurück an die Macht, die Grabmäler werden wieder aufgestellt und die Gebeine, soweit sie gefunden werden, in Ossarien in der Krypta beigesetzt. So sind die meisten Grabmäler, die in der Kathedrale zu sehen sind, leer. Zu den Ausnahmen zählen jene von Ludwig XVI. und seiner Frau Marie Antoinette.

Wer aus der Königsgeschichte heraus ans Tageslicht tritt und hinüber zur Place Victor Hugo läuft, findet sich plötzlich auf einem turbulenten Markt wieder. Eine Melange aus Afrika, Arabien und der Karibik. In der historischen Markthalle und in den angrenzenden Straßen haben Hunderte Händler Stände aufgebaut. Das ist ein Fest der Farben, Gerüche und Stimmen. Hier leuchten Gewürze in Rot- und Gelbtönen, dort schimmern die glitschigen Körper von Meerestieren. Die Kunden sind kaum weniger vielfältig als das Angebot. Menschen aus mehr als 130 Ländern leben in Saint-Denis.

Allerdings ist die Stadt keine Multi-Kulti-Idylle. Saint-Denis gilt als »sensible Zone«. Arbeitslosigkeit, Kriminalität und Verwahrlosung setzen den Menschen zu. Der Islamismus bereitet Probleme. Dennoch kann Saint-Denis auf vieles stolz sein. Dazu gehört, neben Kathedrale und Markt, das Stade de France, in dem *Les Bleues* – die Fußball-Nationalmannschaft – zu Hause ist. Zu den Olympischen Spielen im Sommer 2024 wurde das wichtigste Stadion Frankreichs umfassend renoviert und modernisiert. Für die Fußballweltmeisterschaft 1998 erbaut, ist es damit nun auch zum Olympiastadion geworden.

66

ZUG AB PARIS GARE DE SAINT-LAZARE BIS VERNON,
VON DORT MEHRMALS TÄGLICH BUS ODER TAXI BIS GIVERNY

Im Garten des Monsieur Monet

FONDATION CLAUDE MONET
RUE CLAUDE MONET
27620 GIVERNY
FONDATION-MONET.COM
TGL. VON APRIL BIS OKTOBER 9.30–18 UHR

TIPPS

DIE WELTWEIT GRÖSSTE SAMMLUNG VON WERKEN CLAUDE MONETS ENTHÄLT DAS MUSÉE MARMOTTAN MONET IN PARIS.
RUE LOUIS BOILLY 2
WWW.MARMOTTAN.FR
TGL. (AUSSER MO) 10–18 UHR,
DO BIS 21 UHR

DAS MUSÉE DE L'ORANGERIE IN PARIS ZEIGT BILDER DES IMPRESSIONISMUS UND POST-IMPRESSIONISMUS. IN ZWEI SÄLEN WERDEN BIS ZU 17 METER BREITE SEEROSENBILDER CLAUDE MONETS AUSGESTELLT.
JARDIN DES TUILERIES
PLACE DE LA CONCORDE
WWW.MUSEE-ORANGERIE.FR

TGL. (AUSSER DI) 9–18 UHR
EINTRITT: 9 EURO; KINDER UND JUGENDLICHE UNTER 18 JAHREN UND EU-BÜRGER UNTER 26 JAHREN GRATIS

»BIS AUF DIE MALEREI UND DIE GÄRTNERARBEIT TAUGE ICH ZU NICHTS«, BEHAUPTETE CLAUDE MONET. DAS WAR GEWISS FALSCHE BESCHEIDENHEIT. RICHTIG ABER IST, DASS MONET EIN GENIALER MALER UND GÄRTNER WAR. VOM ERSTEN ZEUGEN SEINE GEMÄLDE IN DEN MUSEEN DER WELT. DAS ZWEITE BEWEIST EIN GARTEN IN DEM DORF GIVERNY AM RANDE DER NORMANDIE. MONETS GARTEN.

Vom rosafarbenen Haus mit den dunkelgrünen Fensterläden führen Kieswege vorbei an Hecken und Stauden, Büschen und Beeten. In wilder Pracht umgarnen sich rote, gelbe, orange, pinkfarbene, hellblaue, nachtblaue und violette Blüten, als seien es Farbkleckse auf einer Malerpalette. Rosen umranken die Spalierbögen über dem Weg, dessen Ränder Kapuzinerkresse umspielt. Weiter unten lockt ein Wassergarten, Weiden stehen am Ufer, eine grüne japanische Brücke überspannt einen Zufluss. Im Wasser verschwimmen die Blüten der Seerosen mit den Spiegelungen der Himmelswolken.

Monet, dessen Bild *Impression, Sonnenaufgang* aus dem Jahr 1872 dem Impressionismus seinen Namen gab, gestaltete seinen Garten nicht nur zur Zierde, sondern auch, um in ihm zu malen – getreu seinem Anspruch, nicht die Objekte an sich auf die Leinwand zu bannen, sondern ihre Wirkung im wechselnden Licht. So hob er die Grenzen auf zwischen Natur und Kunst, zwischen Kunstwerk und Betrachter.

Als Monet, auf der Suche nach einer günstigen Unterkunft für sich und seine Familie, die Gegend am Rande des Seine-Tals mit ihren grünen Hügeln und mohngesprenkelten Feldern entdeckte, war er begeistert. »Ich bin hingerissen, Giverny ist eine prachtvolle Gegend für mich«, schrieb er. 1883 mietete er das rosafarbene Bauernhaus, das damals ein freudloser, ungepflegter Garten umgab. Der Maler machte sich sofort ans Werk. Er fällte Nadelbäume, riss Buchshecken und Rabatten aus, bestellte Samen und Pflanzen von nah und fern, umgab sich mit einer verschwenderischen Vielfalt von Rosen, Narzissen, Tulpen, Mohnsorten, Waldreben, Pfingstrosen, Goldregen, Lilien, Schwertlilien, Geranien, Dahlien, Astern. So wurde er zum Schöpfer seines Gartens Eden. Schließlich kaufte er das Grundstück und lebte bis zu seinem Tod im Jahr 1926 hier.

Heute werden Haus und Garten von einer Stiftung verwaltet. Chefgärtner dieses vielleicht wundervollsten Gartens Frankreichs war lange ein Engländer. James Priest setzte sich zum Ziel, Monets Werk kongenial fortzuführen. Stundenlang studierte er die Werke des Malers in den Museen, um den Garten wieder so zu gestalten, wie ihn Monet angelegt hatte. Manchmal fragte der Gärtner den toten Meister direkt um Rat. Antwortet der Alte? »Natürlich antwortet er«, sagte mir Priest einmal bei einem Besuch in Giverny. Zu wundern schien ihn das nicht. Denn »sein Geist ist überall lebendig«.

5 Wildschwein und Schokoladencreme (Chez René), Foto: Chez René, Paris
17 Kaffee und Calamari (Coutume Café), Foto: Coutume Café, Paris
24 Letzter Tango in Paris (Jardin Tino Rossi), Foto: Marina Spironetti, mauritius images, Mittenwald
26 Im Palast der Republik (Élysée), Foto: Jérôme Huffer, Getty Images, München
35 Pablos Palais (Musée National Picasso)
Pablo Picasso, *Nature morte à la chaise cannée* (*Stilleben mit Rohrstuhlgeflecht*), 1912, Foto: akg-images, Berlin, © Succession Picasso/VG Bild-Kunst, Bonn 2025
37 Das Paris des Präfekten (Georges-Eugène Haussmann), Foto: René & Peter van der Krogt, Delft
41 Die grüne Wand (Oasis D'Aboukir), Foto: Patrick Blanc, Paris
43 Cirque d'Hiver, Foto: Bertrand Guay, Getty Images, München
48 Schlicht und gut (Fondation Le Corbusier) © F. L. C./VG Bild-Kunst, Bonn 2025
51 Haute Couture für alle (Musée Galliera), Foto: Philippe Perusseau, laif, Köln
54 Kunststück (Musée du Quai Branly), Foto: Paul Quayle, mauritius images, Mittenwald
59 Eine Rose für die Kameliendame (Cimetière de Montmartre), Foto: Getty Images, München
62 Eingang zur Unterwelt (Metro-Station Abbesses), Foto: David Noble, mauritius images, Mittenwald
65 Die Gesichter von Saint-Denis, Foto: Geoffrey Taunton, mauritius images, Mittenwald
186 Daniel Buren, Observatory of Light, VG Bild-Kunst, Bonn 2025

Alle weiteren Fotos stammen aus dem Archiv von Stefan Ulrich.

REGISTER